LA

PHILOSOPHIE

DU

NOTARIAT,

OU

LETTRES SUR LA PROFESSION DE NOTAIRE,

ADRESSÉES

A M. CHARDEL,

CONSEILLER A LA COUR DE CASSATION,

PAR

H. CELLIER , Notaire à Rouen.

Paris,

VIDECOQ, place du Panthéon, nº. 6, près l'École de Droit.
ALEX. GOBELET, rue Soufflot, nº. 4, près l'École de Droit.

1832.

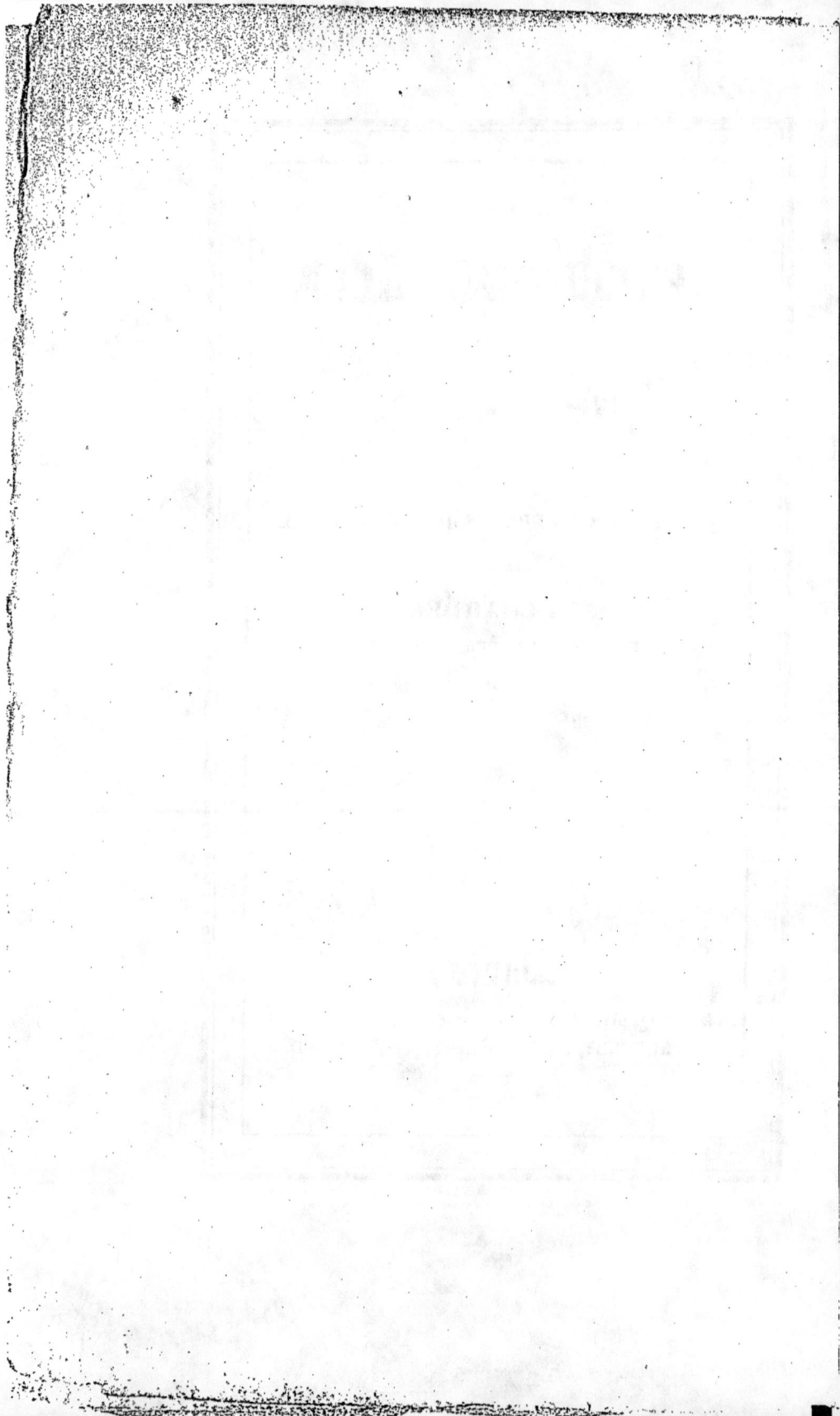

LA

PHILOSOPHIE

DU

NOTARIAT.

LA
PHILOSOPHIE

DU

NOTARIAT,

OU

LETTRES SUR LA PROFESSION DE NOTAIRE,

ADRESSÉES

A M. CHARDEL,

CONSEILLER A LA COUR DE CASSATION,

PAR

H. CELLIER, Notaire à Rouen.

> La législation une fois sortie, comme Pallas,
> de la pensée humaine, se mit à écrire les lois
> religieuses et politiques dans des textes dont la
> connaissance est le premier objet de l'éducation
> des peuples.
>
> E. LERMINIER, *Philosophie du Droit.*

Paris,

VIDECOQ, place du Panthéon, n°. 6, près l'École de Droit.
ALEX. GOBELET, rue Soufflot, n°. 4, près l'École de Droit.

1832

Avis.

J E livre aujourd'hui au Public cette première
partie, qui renferme l'examen des conditions
à remplir pour devenir notaire. Plus tard, je
publierai comme suite, la seconde partie, qui
contiendra un Examen critique de la conduite
du notaire en exercice, et de la manière dont
se traitent les affaires. Mais je fais paraître
actuellement cette première partie , qui s'a-
dresse principalement aux jeunes gens qui se
destinent au notariat, parce qu'elle est tout
à fait indépendante de la seconde.

RÉFLEXIONS

PRÉLIMINAIRES.

*Tout instant dérobé au travail est
un vol fait à l'humanité.*

S'il est un trésor inépuisable, une pro-
tection qui ne nous manque jamais, c'est
le travail (1). Mais, malheureusement,
dans presque tous les états quelconques,
on ne pense guère aux conditions qu'il
faut réunir pour y remplir sa place. Tout
en se croyant un Pic de la Mirandole,

---

(1) Le Seigneur-Dieu prit donc l'homme et le mit dans
le jardin des Oliviers, afin qu'il le *cultivât* et qu'il le gardât.
GENÈSE, *chap.* 2, *v.* 15.

Vous mangerez votre pain à la sueur de votre visage.......
Chap. 3, *v.* 15.

on préfère d'y arriver par la flatterie,
par les ignobles intrigues de boudoirs.....
On ne s'occupe nullement des devoirs
de son état. On a intrigué pour y parvenir, on a couvert sa nullité de sales
recommandations : c'est par d'indignes
cajoleries, en se rendant l'esclave d'un
maître et le vil dénonciateur de ses camarades, que l'on veut parvenir à cacher son ineptie et à se maintenir à son
poste.... Ou bien, on se repose sur les
autres, du soin de veiller à l'exécution
des travaux communs ou même personnels. Ceux qui sentent l'empire de
la nécessité d'agir, se surchargent, s'é-
crasent, tandis que, tout aux délices de
leur indolence, d'indignes collaborateurs
(qui ne méritent pas ce nom), véritables parasites, se contentent d'occuper
inutilement une place utile, et voient

d'un œil indifférent, peser sur d'autres un fardeau qu'ils sont assez lâches pour laisser retomber sur ceux qu'il ne devrait pas atteindre.

A l'insouciance, ils joignent la bassesse du cœur. Aucune observation ne les touche. Parlez-leur avec douceur, avec raison ; ou tancez-les énergiquement, imperturbables stoïciens avortés, ils ne tiennent compte de rien. Ils continuent de vivre dans la crasse de l'insouciance, sans vouloir penser au présent ni songer à l'avenir. Après avoir foulé aux pieds le dernier sentiment des convenances, ils font vœu d'impudence, ne s'occupent qu'à satisfaire leurs goûts frivoles, quelques fois dépravés, ou à tuer le temps par de plates, ignobles ou ridicules plaisanteries, dignes (indignes peut-être) du rebut des classes pour lesquelles ils affectent un mépris qui retombe sur eux.

Ne doutant plus de rien, ils décident de tout avec une assurance qui ferait reculer le plus valeureux champion de la philosophie académicienne. Ils affichent de grands sentimens qu'ils n'ont pas et qu'ils ne connaîtront jamais. Il faut que tout cède devant eux : ils se dédommagent de leur bassesse envers les maîtres à qui ils font la cour, par le droit d'oppression qu'ils s'arrogent sur ceux qu'ils savent trop faibles pour opposer aucune résistance.

Cependant, la nécessité de se maintenir en place par d'autres moyens que ceux dont je viens de parler, finit par se faire sentir. Nos jeunes présomptueux se décident à produire un travail quelconque. Mais quel travail ! Comme on

y voit percer à chaque instant l'incapacité, mère de leur sot orgueil ! Comme
on voit qu'ils agissent sous l'influence
d'une nécessité mal comprise, et non
par amour du travail. Souvent aussi, ils
agissent parce qu'un dernier reste de
pudeur leur fait honte du degré auquel
ils ont poussé la paresse. Ils se contentent d'être de véritables machines, qui
sont à peu près sûres qu'on les conser-
vera tant qu'elles donneront signe de
mouvement ; et pourtant comme ce serait justice que de les briser !

Oui, j'en jure par les lois de notre
organisation individuelle, par ces lois
physiologiques que la stupidité méprise
et que la paresse dédaigne pour s'éviter
la peine de les étudier, tout homme qui
n'aime pas le travail, qui ne l'aime pas
de passion, qui s'obstine à vivre dans

l'ignorance des principes régulateurs de
l'Univers, n'est et ne sera jamais qu'un
frélon, une misérable créature qui n'oc-
cupera pas seulement d'une manière
inutile, une place utile; mais la remplira d'une manière fort nuisible. Sans
l'amour du travail, qui amène celui
de l'ordre, de l'économie, de la vertu
même, dans sa plus grande extension,
pas de conduite qui ne doive être vouée
au mépris, comme l'indolent à l'infamie.
Il n'y a pas d'être plus nuisible et plus
méprisable qu'un paresseux. Il est essentiellement égoïste, lâche, traître....; il ne
vit qu'aux dépens des autres; il rompt
l'équilibre et l'harmonie dans l'existence
de ses semblables.

LA
PHILOSOPHIE
DU
NOTARIAT.

PREMIÈRE LETTRE.

INTRODUCTION.

> La vertu n'est que l'habitude
> de bien faire.

Sous votre patronage, il me sera aussi agréable
qu'utile d'exécuter cette pensée de Maine-Biran :
« Qu'il est nécessaire qu'un individu parvenu
» à ce point où sa faculté perceptive a acquis,
» par un exercice répété, le développement

» ordinaire dont elle est susceptible par la
» seule éducation des choses, *sente* le besoin
» de réfléchir sur lui-même, et *conçoive*,
» comme par inspiration, le dessein de recom-
» mencer l'instruction de ses sens, d'entretenir
» une communication intime avec sa pensée,
» d'en observer tous les progrès, en se tenant
» bien en garde contre cette facilité, cet auto-
» matisme d'habitude, dont les effets lui sont
» révélés. »

J'examinerai donc de nouveau, avec l'aide
de vos conseils, la route que j'ai suivie pour
parvenir à l'état que j'exerce maintenant, dans
l'intérêt du public. Il en résultera, pour ceux
qui s'y destinent, l'avantage de trouver un
guide qu'ils pourront suivre avec assurance,
puisqu'il leur sera facile de l'apprécier. Que
si je m'étais égaré dans une fausse route, ils
gagneraient encore à la publication de mes
idées; car ils pourraient les rejeter avec connaissance de cause, et ce serait une chance
de moins pour l'erreur. Ainsi, je promets une

sollicitude toute particulière aux *débutans
dans la carrière du notariat.*

Ce travail exécuté, je m'imposerai la tâche
de rendre à cette profession la dignité que certains notaires ont travaillé à lui faire perdre.
Je jetterai un coup-d'œil sévère et impartial
sur l'exercice d'une profession utile, indispensable, et honorable par sa nature.

Avant tout, je dirai deux mots sur son institution. Et c'est d'elle, examinée abstraction
faite des hommes à qui l'exercice en est confié,
que ressortira le lustre dont doit briller le notariat. Ce sera le sujet de ma seconde lettre.
Et, dans l'exécution de cette pensée, je serai
guidé par l'épigraphe de votre dernier ouvrage, que *c'est le devoir de chacun de répandre les lumières qu'il croit posséder
seul, quand, par leur nature, elles appartiennent à tous.*

Non que je veuille régenter personne, ni
que je prétende donner de la science à qui que
ce soit; mais j'ai pour but unique et louable,

je crois, de rappeler à la jeunesse qu'il est
d'absolue nécessité pour l'homme d'examiner
avec une sérieuse attention les motifs de ses
actions et d'en connaître les causes. Car on
ne pense jamais trop ni trop lentement. *Ce
n'est pas des ailes qu'il faut donner à l'intelligence humaine, mais plutôt des semelles
de plomb : toutes nos erreurs ne viennent
que de notre précipitation à porter des jugemens* (1).

Il me sera indispensable d'examiner et d'a-
nalyser, de temps à autre, nos facultés intellectuelles. J'essaierai de le faire, persuadé que
toute étude quelconque devrait commencer
par là. Pour ceux de mes jeunes camarades
qui n'auraient ni la possibilité, ni la patience
de se livrer à des études complètes de ce
genre, ce sera un avantage assez grand : ils se
trouveront sur la route première de l'intelligence sans avoir fait de frais pour cela.

Rouen, le 15 septembre 1831.

_____

(1) Bacon.

DEUXIÈME LETTRE.

DE L'INSTITUTION DU NOTARIAT.

Le plus précieux et le plus rare de tous les biens, est l'amour de son état.

(D'Aguesseau.)

Dans ma dernière lettre, j'ai annoncé que je m'occuperais aujourd'hui de l'institution du notariat. Je m'y crois indispensablement obligé. Car avant de raisonner sur un sujet quelconque, il faut se bien fixer sur les idées qu'on s'en fait, sur le sens qu'on attache aux mots que l'on emploie en le traitant. La définition du notariat ressortira de l'examen auquel je vais me livrer. Cette définition me sera utile plus tard.

Un philosophe recommandable par son

génie, donnait pour maxime à ses disciples :
Divisez et définissez.

Ainsi, dès maintenant, je dis que, dans ma
pensée, les *notaires* doivent être considérés
comme *fonctionnaires publics*, comme *magistrats des familles*, et comme *législateurs
des familles.*

Si les réflexions que je vais présenter sont
exactes, elles prouveront la justesse de cette
définition.

L'institution du notariat est le résultat des
besoins de la société. C'est à la force des choses
que les notaires doivent leur existence. Examinons.....

A mesure qu'une société se développe, les
intérêts de chacun des membres qui la composent se multiplient et se divisent ; ils se séparent de plus en plus des intérêts des autres
membres. Tous les intérêts particuliers réunis,
forment l'intérêt général ; et la fortune publique n'a d'autre source que les fortunes particulières. La richesse d'un état et sa force,

sont le résultat de toutes les richesses et de toutes les forces individuelles ; et le moyen de leur conservation comme de leur augmentation, est dans la stabilité d'un ordre de choses qui doit varier le moins possible. Insister sur la nécessité de la stabilité serait entièrement superflu. La tranquillité publique, formée de la tranquillité des familles, est maintenant reconnue comme de nécessité première. Cette nécessité est de tous les temps et de tous les lieux.

Mais ce qui ne sera point indifférent, c'est d'examiner par quels moyens elle peut se maintenir ; cela tient à l'essence de mon sujet.

Chez les peuples nomades, où il n'y a rien à conserver, puisqu'ils changent sans cesse de lieu de résidence, il y a si peu de conventions qu'elles se forment et s'exécutent tout naturellement. Elles tiennent à la vie de l'homme ; elles sont une condition de son existence : il ne peut s'y soustraire sans en être puni tout aussitôt.

Chez les peuples pasteurs, elles commencent à se multiplier davantage, mais pas à un degré tel qu'elles aient besoin de beaucoup de garantie pour leur exécution.

Chez les peuples cultivateurs, elles prennent plus de développement. La propriété des biens a besoin d'être stable, régulière et bien assurée pour qu'ils puissent prospérer.

Mais chez les nations où l'industrie et le commerce prennent un grand accroissement, il se forme à chaque instant une foule de conventions de toute espèce. A la vérité, la plupart s'exécutent tacitement ou présentent peu de difficultés, tant elles sont simples et d'une exécution prochaine. Mais aussi, il en est beaucoup d'autres, extrêmement compliquées, qui ont une très-longue durée ou un terme fort éloigné pour leur exécution. Ce sont surtout les conventions qui règlent les intérêts de la propriété foncière ou l'état des familles. A moins d'être constatées d'une manière certaine et durable, elles ne pourraient parvenir à la connaissance des successeurs de ceux qui les ont établies.

Aussi, à des époques bien éloignées de nos jours, comme dans l'antique Égypte, berceau des sciences et des arts, voit-on qu'il existait des scribes ou rédacteurs des notes.....

Mais ne remontons point si loin. Je ne le crois pas utile. L'histoire est ouverte pour tout le monde; chacun peut la consulter. Prenons plutôt des exemples chez nous et parmi nos contemporains.

Dans les campagnes, et même dans les villes, beaucoup de personnes ayant à faire constater des conventions d'une importance secondaire, ou auxquelles elles veulent appliquer un système d'économie, souvent fort mal entendu, comme je le démontrerai dans le cours de mes autres lettres, beaucoup de personnes, rédigent elles-mêmes leurs conventions par *actes sous signatures privées*. Lorsqu'elles n'ont pas toute la capacité suffisante, elles recourent à des *érudits de profession*, ou simplement à la complaisance de *personnes sachant lire et écrire!* Et ce n'est que quand la loi l'exige, ou bien lorsque l'acte présente une assez grande importance, qu'elles vont chez le notaire.

Ainsi, d'après l'usage des temps passés, et d'après ce qui se passe journellement autour de nous, on peut facilement reconnaître la nécessité, à peu près universelle, de faire constater d'une manière quelconque les conventions auxquelles on se soumet, lorsqu'elles doivent avoir une certaine durée. Et il est bien évident que le plus souvent, de la manière dont elles sont constatées, dépend leur sort et même la tranquillité et la fortune des familles.

Par suite des progrès de la civilisation, liés à ceux du commerce et de l'industrie, les lois elles-mêmes se sont perfectionnées ; et les conventions des particuliers, qui font loi entre eux, n'ont plus été abandonnées entièrement à l'arbitraire : le législateur les a réglées. Et

c'est alors qu'il a institué, sous le nom de *notaires*, *des fonctionnaires publics établis
pour recevoir tous les actes et contrats auxquels les parties doivent ou veulent faire
donner le caractère d'authenticité attaché
aux actes de l'autorité publique; et pour en
assurer la date, en conserver le dépôt, en
délivrer des grosses et expéditions.* (Art. 1er.
de la loi du 25 ventôse an XI.)

Mais pour marcher avec la civilisation, les
notaires ne peuvent rester simplement ce que
la loi les a faits explicitement. Ils doivent comprendre toute l'étendue de leurs devoirs. Créés
par la force des choses et dans l'intérêt de la
société, il leur faut répondre à l'appel de la
société. Recevant de la législation un caractère
légal, ils sont obligés de comprendre et d'expliquer la loi. Et même ils sont forcés de l'appliquer quand leur témoignage est invoqué en
faveur de telle ou telle convention. Sous ce
rapport, ils sont donc et doivent être les *magistrats des familles.* Car on voit fréquem-

ment que des personnes, désirant régler entre
elles et à l'amiable des différends sur lesquels
elles ne peuvent s'entendre, consultent un notaire pour éclaircir les points en litige, l'investis-
sent de leur confiance, et s'en rapportent à lui
comme à un juge souverain : il prononce en
dernier ressort..... Voilà donc une magistrature
de famille volontairement créée. Elle est d'autant plus honorable qu'elle est librement établie et gratuitement exercée. Cela, je crois,
est senti et apprécié par tout le monde : il est
inutile d'insister là-dessus plus longuement.
Cependant, j'ajouterai qu'il ne suffit pas à un
notaire d'avoir le caractère légal, qu'il lui faut
encore les mœurs du magistrat; et je dirai,
sauf à le développer plus tard, que ces mœurs
sont l'intégrité, la bonne foi et le désintéressement, ayant pour base un caractère inflexible
et pour guide une conscience irréprochable.
Mais c'est encore ce que tout le monde sait.

Celui qui applique la loi doit la parfaitement
connaître.

Or, pour bien connaître et comprendre une loi, je crois qu'il faut être en état de la faire soi-même :

Donc le notaire doit encore être *législateur !*

Voilà qui peut-être me sera contesté.

Mais pour couper court à toute discussion, c'est sous un autre point de vue incontestable que je vais présenter le notaire comme législateur.

En effet, dans beaucoup de cas, la loi ne règle les conventions des parties qu'autant qu'elles n'en ont pas arrêté entre elles. Et il est de principe que *les conventions légalement formées tiennent lieu de loi à ceux qui les ont faites.* (Art. 1134 du Code civil.)

Qui fait ces conventions ? Ce sont les parties elles-mêmes.

Mais qui les rédige ? C'est le notaire.

Maintenant, qui fait une loi ? La force des choses ; car *une loi n'est que la déclaration d'un fait.*

Et qui constate ce fait ? C'est le législateur.

Hé bien ! souvent le notaire fait plus ; il

aide à créer des conventions qu'il est appelé
à constater; il signale aux parties contractantes les inconvéniens de tel système et les avantages de tel autre, auquel elles n'avaient pas
pensé. Si, d'après ses explications, elles aban-
donnent leur premier plan et adoptent celui
nouvellement élaboré; et, si le notaire a ajouté
son conseil, il a vraiment créé la convention
des parties ; il a été doublement législateur.

Ainsi, il faut que le notaire ajoute au caractère légal et aux mœurs du magistrat, la
science du législateur; sans quoi il se réduirait
à être simplement *UN ÉCRIVAIN PUBLIC*,
avec cette seule différence qu'il aurait fourni
un cautionnement dans la caisse du Trésor.

J'ai dit que de son institution devait ressortir le lustre dont brille le notariat. Comme
c'est de son utilité que chaque chose reçoit sa
considération, dans la lettre suivante j'examinerai quelles sont les conséquences du notariat
et son influence dans la société.

Rouen, le 9 octobre 1831.

TROISIÈME LETTRE.

DES CONSÉQUENCES DU NOTARIAT
ET DE SON INFLUENCE DANS LA SOCIÉTÉ.

> Pour la plupart, nos maux viennent
> de l'erreur; elle seule nous rend
> méchans.

AVANT d'examiner les conséquences du notariat et son influence dans la société, comme je l'ai annoncé dans ma dernière lettre, je crois utile de présenter quelques réflexions préliminaires.

On a dit : Nous sommes souvent sous l'influence d'événemens qui se sont passés à mille lieues et à mille ans de nous.

C'est là une grande vérité; car dans la société tout se tient et s'enchaîne; il n'est point d'existence isolée; celle des hommes et des choses est dans une perpétuelle dépendance d'existences étrangères, ou qui paraissent telles.

Mais pour s'en convaincre, il est bon de jeter un coup-d'œil rapide sur la condition de l'homme. Grâce pour ces détails métaphysiques ; mais on est invinciblement ramené à l'étude et à l'observation de nos facultés intellectuelles, toutes les fois que l'on veut creuser jusqu'au fond, le sujet quelconque dont on s'occupe (1).

On a beaucoup parlé de l'état de nature : Pour l'homme, l'état de nature, c'est la société. Le fait seul de son existence le prouve. Pour qu'il puisse recevoir la vie, il faut qu'il existe société entre ceux qui la lui transmettent ; et, pour la conserver, il a besoin, pendant long-temps, de secours étrangers ; secours qui seraient évidemment insuffisans et impossibles, si une seule personne s'occupait de les lui donner, livrée elle-même à ses propres moyens de subsistance.

------

(1) La vraye science et le vray estude de l'homme, c'est l'homme.

(Charron.)

Après avoir parlé de cet état de nature avec des idées bien différentes, suivant les temps et les circonstances où se trouvaient ceux qui traitaient cette question, on a beaucoup dis-serté sur la perfectibilité humaine. Là-dessus, on ne s'est pas toujours parfaitement entendu non plus; et pourtant on a généralement ad-mis cette perfectibilité. Le fait est que, pour moi, elle n'est pas niable. Mais où en est le germe? Evidemment c'est dans les facultés de l'homme; et si c'est là qu'il se trouve, comme l'homme est seulement ce que la nature le fait ou ce qu'elle lui permet de devenir, il est bien clair que la perfectibilité est encore toute na-turelle, tout aussi naturelle à l'homme que la société; je dirai même tout aussi inévitable; car, dès l'instant qu'il a besoin du secours de ses semblables et qu'il en profite, le bien qu'il en retire tourne à l'avantage de ses facultés morales; lesquelles s'exercent incessamment et se perfectionnent forcément par l'exercice, je dirai involontaire, auquel on les soumet.

2

Ainsi j'avancerai que société et perfectibilité
sont deux faits inséparables de l'existence humaine; deux faits sans lesquels l'homme dans
l'état de nature sauvage n'existerait même pas.
Car sans association son existence ne serait pas
possible, au moins certainement dans les premiers temps; et sans l'exercice qui développe
forcément la perfectibilité, il ne vivrait pas,
puisque vivre c'est agir.

Maintenant, je pose en principe que tout
animal et l'homme brut par conséquent, a
l'instinct de sa conservation; qu'il obéit aux
lois de la nature en ce point. C'est une vérité
de fait dont l'observation est trop facile pour
être niable; et il n'est pas moins évident que
s'il refuse de s'y soumettre, il arrive plus ou
moins promptement, mais inévitablement à sa
destruction.

Après avoir établi que la société et la perfectibilité appartiennent à l'homme dans l'état
de nature, que plus il se civilise, plus il se
rapproche de cet état, j'ajouterai que les lois

positives doivent toujours être conséquentes aux lois de notre nature ; et, cela étant, je dirai que chacune de nos actions porte avec elle sa peine ou sa récompense ; c'est-à-dire que notre conduite, suivant qu'elle est conforme ou contraire aux lois de la nature, aux lois positives, ou même aux préjugés, entretient ou détruit l'harmonie sociale et occasionne par conséquent des jouissances ou des souffrances.

Mais pour plus de clarté je reprends.

La conduite de l'homme (ce mot est générique), doit être conforme aux lois de la nature ; cela me paraît suffisamment établi.

Elle doit être conforme aux lois positives, c'est tout simple, puisque celles-ci doivent être conséquentes aux autres. S'il arrive le contraire, il s'ensuit toutes les perturbations qui accablent l'humanité faible et ignorante. Mais l'homme pris en masse veut son bien, obéit à l'instinct de sa conservation. Or, un individu isolé, en transgressant toutes les lois positives, pour n'obéir qu'aux lois qu'il croi-

rait plus conséquentes aux lois naturelles, n'en
jetterait pas moins la perturbation parmi ses
semblables.

J'aborde la question des préjugés. Je crains
là un grand écueil. Cependant je veux l'envisager franchement.

Nous avons vu la nécessité de nous conformer aux lois naturelles. Pour les lois positives, j'ai oublié de dire qu'ordinairement elles
renferment aussi les moyens de nous forcer
à l'obéissance. Mais on ne voit pas trop la
nécessité de conformer sa conduite aux préjugés, et pourtant elle existe.

Eclaircissons cette question. D'abord, je
n'entends parler que de certains préjugés; et
avant d'aller plus loin, je définis le mot *préjugé*. Dans ma pensée, le préjugé est un jugement que nous recevons tout fait sans l'examiner, c'est un jugement que nous apprenons
par cœur; en un mot, c'est une vérité, ou du
moins une idée que la majorité de nos contemporains considère comme telle, qui nous

est transmise, et sur laquelle nous nous abste-nons de porter le flambeau de l'analyse. Aussi dit-on que les préjugés sont la plupart de sen-timent.

Le préjugé ainsi défini prend sa source dans les mœurs. Il est donc une foule de préjugés infiniment respectables qui tiennent à la mo-rale, et qu'il serait dangereux de détruire. Je ne suis point le défenseur du préjugé; je ne l'aime pas: je voudrais que chacun pût s'en affranchir, non pas en le détruisant, mais en le faisant passer dans les lois.....

Les lois influent sur les mœurs, et récipro-quement les mœurs exercent une puissante influence sur les lois; autrement, les mœurs passent dans les lois, comme les lois passent dans les mœurs. Et de ce qu'il en est ainsi, tout préjugé raisonnable deviendrait sacré, en passant dans les lois; je dis qu'il devien-drai sacré, parce qu'il aurait été examiné, discuté, avant d'être admis comme loi. Mon motif est que nul ne pouvant penser pour au-

trui, tout préjugé, quelque bon qu'il soit, ne
peut jamais avoir la force d'un principe, ni
servir de base à notre conduite ; car, nous le
voyons, tout homme qui apprend par cœur
les règles de ses actions, a de la peine à s'y
conformer long-temps ; il est bien plus exposé
à faillir que celui qui les institue par le raisonnement, par une volonté devenue ferme parce
qu'elle est éclairée. On me dira que l'on obéit
souvent à des lois apprises par cœur ; cela est
très-vrai ; je conçois même que cela soit nécessaire ; mais je dirai toujours tant pis pour
ceux qui agissent ainsi, quand la faute en est à
eux. Mais, d'ailleurs, ils trouveront souvent
écrits, lorsqu'ils le voudront, les motifs de la
loi qui les régit.

Et puis, cela prouve encore la nécessité, admise en principe, d'une assez fréquente révision
des lois positives pour les tenir toujours en
harmonie avec les mœurs. Au surplus, en demandant que les préjugés passent dans les lois,
je ne prétends pas absolument qu'ils soient

promulgués comme telles; mais que chacun de ceux qui les adoptent les examine et ne les admette qu'après mûre réflexion : dès qu'il les aura raisonnés, ils ne seront plus pour lui des préjugés.....

Quoiqu'il arrive, on voit toujours la nécessité de se soumettre à certains préjugés. Ils ont leur source dans les mœurs. Le plus souvent, les lois positives ne sont que l'expression des mœurs. Celles-ci prennent de l'empire et finissent par gouverner (1); aussi nul doute qu'une nation puisse exister sans lois écrites, et ne le pourrait pas sans mœurs. On ne peut même pas, à proprement parler, concevoir de nation sans mœurs, car ce serait supposer des hommes sans relations entre eux, ou destitués d'action.

Tout ce qui précède m'amène à cette idée,

(1) Ah! lorsque les mœurs agissent, que l'on ne s'inquiète pas de ce que les lois défendent ou permettent. Plus fortes que les lois, les mœurs les suppléent, si elles sont insuffisantes, les corrigent ou les effacent, si elles sont défectueuses.

(SAVOYE-ROLLIN.)

qu'il y a sur la terre une somme de biens et
une somme de maux, toutes deux inégalement
répandues à la vérité; mais lesquelles augmen-
tent ou diminuent d'après le résultat de la conduite de chaque individu et la direction de la
masse entière; et qui, de plus, sont distribués
à tous les individus et à chacun en particulier.

J'ajoute encore : chacune de ces sommes
augmente ou diminue en raison inverse de
l'autre, et suivant que les membres de la société travaillent pour cela. Or, si vous faites le
bien pour le bien en lui-même, vous avez la
chance que la somme, en devenant plus grande,
il vous en reviendra davantage. Il en est de
même pour le mal. Et notez que vous avez toujours double profit ou double perte; car si la
somme de bien diminue, non-seulement vous
serez privé d'une portion de jouissance, mais
encore votre part de souffrance augmentera,
et si votre souffrance diminue, vous aurez de
la jouissance de plus.

Comme la masse entière des hommes se compose d'individus produisant du bien ou du mal, il est certain qu'il importe beaucoup qu'une bonne direction soit imprimée à la généralité des membres de la société.

Mais peut-être, me dira-t-on, si ce sont les individus isolés qui composent la masse, et que chacun ait de mauvais penchans, on ne pourra jamais établir l'ordre, puisque pour avoir une masse *bien agissante*, il faut avoir aussi *bien agissant* chacun des élémens qui la composent. Cependant, qu'on ne s'y trompe pas, il n'y a point là de cercle vicieux. Sans doute il est nécessaire qu'il en soit ainsi : ce doit être l'objet de tous nos vœux. Mais tous les hommes n'ont pas les mêmes penchans, les mêmes idées, la même étendue de facultés.....

Après cela, il faut le reconnaître, le génie de l'imitation est là, et certainement, vu la grande facilité et même la grande tendance qu'ont les hommes à contracter des habitudes, on peut, dans certaines positions sociales, donner une

bonne impulsion aux masses...... Il est vrai qu'il
faut prêcher d'exemple.

J'ai dit qu'il n'est point d'existence isolée.
Telle est ma conviction. Elle me porte à croire
que chacun influence ou est influencé.

Il est certaines circonstances dans lesquelles
on peut exercer une grande influence sur ses
contemporains. Il est des professions qui, par
leur nature, la donnent forcément, cette influence; elle existe involontairement dans la
main de tel ou tel; c'est à celui qui l'exerce de
faire qu'elle soit salutaire : c'est surtout le devoir du notaire.

Pour ce qui est des *conséquences du notariat*, rappelons-nous que c'est comme fonctionnaire public que nous devons considérer
le notaire. Tant qu'il reste ce qu'à proprement
parler la loi l'a établi, c'est-à-dire scribe des
parties, c'est seulement par la rédaction des
actes que son importance s'aperçoit, et elle est
grande; car j'ai annoncé, et il me sera facile
d'établir plus tard que de la manière dont sont

constatées les conventions des parties, dépend
et leur existence et leur exécution (1). Dans
une autre lettre, je m'étendrai longuement sur
la rédaction des actes. Pour le moment, te-
nons pour certain qu'il est indispensable que
cette rédaction soit claire et précise, sans quoi
les interprétations que nécessitera leur ambi-
guïté amèneront une foule de discussions et de

---

(1) Lorsque vous vous obligerez à payer une dette au
terme prescrit, qu'un *scribe* en fasse fidèlement l'obligation;
qu'il écrive comme Dieu le lui a enseigné; que le débiteur
écrive et dicte; qu'il craigne le Seigneur et ne retranche
aucun article de la dette. Si le débiteur était ignorant, malade ou hors d'état de dicter, que son procureur le fasse pour
lui, suivant les règles de la justice. Qu'on appelle pour témoins deux hommes, ou, à défaut de l'un, deux femmes choi-
sies à votre gré..... Qu'on écrive en entier la dette grande
ou petite, jusqu'au terme de sa liquidation. Cette précau-
tion est plus juste devant Dieu, plus sûre pour les témoins
et plus propre à ôter tous les doutes. Si la vente se fait entre
personnes présentes et par échange, vous ne serez point
obligé de l'écrire; appelez des témoins dans vos pactes, et
ne faites de violence ni au *scribe*, ni aux témoins. Ce serait
un crime.   (KORAN, chap. 2.)

procès, et forcément la brouille des familles et
des particuliers entre eux. Tout à l'heure je re-
prendrai cette idée pour en développer les
suites, en même temps que je parlerai de *l'influence* pernicieuse *du notaire*.

Mais d'abord examinons cette influence seulement sous le rapport de son existence.

Nous avons vu que le notaire, à moins
d'être simplement un écrivain public, doit
ajouter à son caractère légal la science du magistrat et celle du législateur. Il en doit souvent exercer les fonctions dans l'intérieur de
son cabinet.

Comme magistrat, c'est son conseil qui dirige ses cliens, qui leur fait souvent faire telle
action, telle opération plutôt que telle autre.
Car, dès l'instant que le notaire est investi de la
confiance des familles, on ne fait rien, pour ainsi
dire, sans le consulter. On veut son approbation. Il ne faut pas se le dissimuler, la confiance
une fois accordée, nous met volontairement
dans la dépendance de celui qui en est investi ;

on veut absolument et quelquefois machinale-
ment avoir son opinion pour se décider à agir
d'une façon quelconque. C'est, du reste, un désir tout naturel à l'homme. Cela tient à la sympathie sociale. Chacun veut l'approbation de
son semblable ou de la majorité. On se soumet
volontiers à la censure, et on fait appel au jugement du public, parce qu'on en reconnaît
l'empire et souvent la justesse. On désire son
approbation. Ce désir a encore plus de force
quand c'est auprès d'une personne de confiance qu'on sollicite une approbation. Mais il
ne faut pas se faire illusion ; le plus souvent
c'est moins un conseil qu'on demande , qu'une
approbation. Car, avant de faire une démarche,
on y a réfléchi ; et si l'on s'est déterminé pour
un mode d'action plutôt que pour un autre,
c'est qu'on le croit meilleur, et on se hâte d'aller le faire approuver. Que de gens demandent
des conseils avec l'intention de ne pas les
suivre ! C'est pour cela qu'on les donne si libéra-
lement, et c'est ce qui en a fait faire la remarque

par Larochefoucauld. Mais ici le devoir du notaire sort du domaine ordinaire ; aucune condescendance, aucun usage de la société ne lui
permet de dissimuler sa pensée, ni de remplacer son conseil par une approbation : quels que
soient pour lui les résultats de l'expression de
son opinion, il n'y a pas à hésiter, il faut qu'il
la fasse connaître tout entière et qu'il en développe hardiment les conséquences ; car très-
souvent aussi , c'est pour s'éclairer et pour le
suivre qu'on demande un conseil ; il ne faut
donc pas que l'habitude de feindre ni de ca-
resser les opinions d'autrui en prive celui qui
le réclame de bonne foi, puisque certainement
c'est sous l'influence de ce conseil qu'il agira :
influence qui sera avantageuse ou pernicieuse,
suivant que le conseil sera bon ou mauvais,
suivant qu'il portera à la haine ou à l'harmonie.

La carrière du notaire législateur des familles ouvre un bien plus vaste champ à l'exercice de l'influence dont il peut faire usage.

Jérémie Bentham prétend que les hommes

sont ce que les lois les font être. Si cette opinion n'est pas absolument vraie, il est du
moins bien certain qu'elle l'est en partie; et s'il
en est ainsi, il est évident que le notaire législateur des familles peut établir l'harmonie
dans les familles, et, en un mot, entre tous
les particuliers qui traitent ensemble en em-
ployant son ministère. Les conditions qu'il
aura indiquées, méditées et fait adopter, seront
pour long-temps leur charte particulière. C'est
à elle qu'ils auront recours pour régler les différends qui pourraient survenir entre eux; et
pour leurs représentans il en sera encore de
même. Si les lois influent sur les mœurs et le
caractère des hommes, le notaire législateur
remplit un rôle d'une importance telle qu'il n'y
a que la pureté de ses intentions qui puisse lui
permettre d'envisager en face les devoirs que
lui imposent ses fonctions. Et qu'on ne s'imagine pas que cette importance est chimérique!
A l'appui de mon opinion, j'invoque le souvenir d'un profond logicien, dont l'analyse,

toujours fine et puissante, conduisait si bien
et si loin tous les raisonnemens; de celui qui
prétendait avec raison que le sort d'une nation
tout entière peut dépendre de la construction de la salle où délibèrent ses représentans!.... O mes jeunes camarades, quel vaste
champ pour vos méditations! faites-les tourner toutes au profit de votre état! La carrière
du notariat peut bien les absorber!.... Autrement votre influence courrait le risque de devenir pernicieuse pour vos concitoyens et pour
vous-mêmes; car tous les intérêts se tiennent....
Aussi, bientôt allons-nous jeter un coup-d'œil
sur l'intérêt personnel.

J'ai dit que, comme fonctionnaire public,
les conséquences de la profession de notaire
sont de la plus haute importance, et je crois
que l'on admettra avec moi que comme magistrat et législateur des familles, son influence
est incalculable. J'ai dit aussi qu'il était de son
devoir de les rendre salutaires : voyons-en le
bon et le mauvais côté, et commençons d'a-

bord par celui-ci, l'autre s'établira en prenant le contre-pied.

Les conséquences fâcheuses et l'influence funeste du notariat mal exercé ont pour premier résultat de détruire l'harmonie des familles et des particuliers, en jetant parmi eux les germes de la discorde ; d'amener d'interminables procès ; d'occasionner la ruine de ceux qui se trouvent compromis dans d'illicites conventions, ou dans des conventions mal rendues ; après cela viennent les haines personnelles, le désir de vengeances déraisonnables, les querelles d'intérieur, et la désolation de ceux dont on a consommé la ruine : de là vient ensuite une foule d'actions effrayantes ou criminelles.......
Il ne faut pas oublier que la société entière est composée d'élémens qui, s'ils sont en perturbation entre eux, occasionneront de tristes résultats pour le public : une position particulière arrivée au point culminant de la fortune ne s'ébranle jamais sans réaction jusque dans les classes les plus obscures. L'âme du notariat,

3

c'est l'ordre; et c'est l'ordre qu'il répand partout où son influence se fait sentir, autrement
il n'est qu'une plaie sociale de plus, un mal indispensable.

Mais combien un notaire, ami de l'ordre,
peut répandre de bienfaits! à quel degré de
reconnaissance il a droit! Du fond du cabinet
d'un notaire, que d'heureuses impulsions peuvent être données! Avec de l'ordre, et j'entends
par dessus tout de l'ordre dans les idées, que
de contestations applanies, que de discussions
arrangées, que de procès évités, que de sécurité donnée aux particuliers, quelle heureuse
direction imprimée à une foule d'actions insi-
gnifiantes en apparence, parce qu'on ne sait
pas toujours en calculer les conséquences éloignées, et pourtant d'une importance inappréciable! *Le notariat* par lui-même est aussi la
pierre angulaire de l'édifice social, puisqu'il
*assure la propriété en la rendant stable par
des conventions faciles et simples dans leur
exécution.*

J'ai dit que l'ordre est l'âme du notariat et le côté par où il brille le plus ; c'est vrai. Car en descendant jusques aux plus minces détails des affaires, il évite qu'il s'y glisse des élé-mens hétérogènes, et par là il prévient les em-barras que plus tard pourraient occasionner ces élémens étrangers. Quelle plus belle pro-fession que celle qui, par des soins minutieux, fatigans, porte la lumière jusque dans les plus petits détails , et les réunissant en faisceau, les coordonne avec des idées d'un genre plus élevé, les met en harmonie avec les plus belles con-ceptions législatives ! Lorsqu'on embrasse dans sa pensée les idées générales de la législation et qu'on sait descendre aux détails infimes de leur application, lorsqu'on met en harmonie l'exé-cution avec la théorie, on fait aimer les lois dont on applanit les difficultés d'exécution ; or, je demande quelle mission on a remplie, quelle part on a eue dans la direction générale de la so-ciété? Car, ne nous y trompons pas, tous ceux qui rencontrent une contrariété dans leurs conventions lorsqu'elles sont contraires à la loi, détestent la loi qui les contrarie..... Faire aimer une loi juste me paraît la plus belle action humaine.

Je ne terminerai point sans répondre à une objection. Il faut, dit-on, du désintéressement pour en agir ainsi. Eh bien! non : il faut au contraire tout sacrifier à l'amour de soi, à son *intérêt personnel*, mais *bien entendu*.

Je rappelle que j'ai dit plus haut qu'il y a deux sommes, l'une de biens, l'autre de maux, répandues sur la terre, etc.; que si l'on produit du bien, on a une plus grande chance de jouissance; si du mal, de la souffrance. Ce n'est point là de ces théories sans application. Je donne un exemple.

Chaque notaire ayant le même esprit d'ordre, la même inflexibilité de principes pour ménager l'intérêt de ses cliens, tous refuseront de prêter leur ministère à des conventions qui laissent du louche; tous exigeront les éclaircissemens nécessaires; il n'y aura pas à craindre

que la confiance échappe à l'homme rigide
(tous l'étant) pour aller se réfugier auprès de
l'homme dont on espère des complaisances.....
Le notariat, bien exercé par tout le monde,
sera infiniment plus facile pour tout le monde.
Ayant à opérer sur le travail d'un collègue, on
n'aura guère à faire qu'une vérification de dates
et de faits; on sera assuré d'avance de rencontrer l'observance de toutes les formalités légales..... Le notariat se fera de confiance (et
non de routine); les notaires et les administrés
y trouveront leur profit, ne fut-ce que dans une
grande économie de temps.

Que s'il existait un notaire dont les idées
d'ordre et les principes de sévérité ne fussent
pas partagés, sans compter qu'en les maintenant il aurait satisfait à sa conscience et sa-
crifié à l'estime de lui-même, il y aurait toujours intérêt pour lui à marcher dans la même
route. Car, pendant un long exercice, on travaille souvent sur des affaires que l'on a trai-
tées soi-même; et alors l'examen en devient ex-

trêmement facile : après cela on augmen. la somme du bien général; et, de plus, ce qui est tout direct, ceux dont on a, une première fois, justifié la confiance, ne vont pas ailleurs chercher des complaisances regrettables; et l'on est amplement dédommagé par la possession d'une estime bien acquise, de celle qui ne s'obtient qu'au moyen de certaine condescendance.....

Jusqu'à ce moment j'ai passé en revue l'institution du notariat, le caractère attribué à chaque notaire, les conséquences de sa profession, l'influence qu'il peut exercer, et comment il en doit user. Ces préliminaires, que j'ai jugés nécessaires pour plus de clarté, étant établis, je m'occuperai, dans ma prochaine lettre, des dispositions que doit apporter le débutant dans la carrière du notariat.

Rouen, le 27 décembre 1831.

QUATRIÈME LETTRE.

DISPOSITIONS QUE DOIT APPORTER LE DÉBUTANT DANS LA CARRIÈRE DU NOTARIAT.

> Ce n'est point de la place qu'il occupe,
> mais de ses qualités personnelles que
> l'homme doit attendre sa considéra-
> tion.

Au début de toute carrière et principalement de celle de notariat, il faut d'un coup
d'œil hardi voir et diviser la route à parcourir
pour arriver au but que l'on veut atteindre.
Une fois ce but marqué et la division de tous
les intervalles à franchir bien faite, confiant
dans ses moyens, s'ils éclairent une ferme volonté, qui à son tour leur donnera un solide
appui, on peut considérer le succès comme

certain. Car pour un être organisé de cette façon, il n'existe pas d'obstacles raisonnables. Le
mot impossible ne peut pas faire partie de son
Dictionnaire.

Mes jeunes amis, c'est à vous que je m'a-
dresse. Je le fais en toute confiance; car j'ai
parcouru, peut-être avec toutes les difficultés
réunies qu'elle peut présenter, la route que
vous vous disposez à suivre; et souvent mes efforts ont été couronnés de succès. Pourtant je
ne viens point ici me donner comme un modèle à suivre; je viens plutôt me plaindre avec
ceux qui se livrent à l'étude du notariat, de
n'en pas rencontrer un que l'on puisse prendre
pour guide avec une parfaite sécurité.

Cependant, ne nous décourageons pas. Puisque à peu près le même âge, les mêmes impressions de jeunesse nous unissent dans une communauté de sentimens, je vous signalerai
toutes les difficultés que j'ai rencontrées et qu'il
m'a fallu vaincre, presque livré à mes propres
forces; vous les reconnaîtrez facilement et vous

apprécierez à leur juste valeur les moyens que j'ai mis en usage ou que j'ai jugés bons à employer.

Ainsi vous ferez vous-mêmes votre éducation notariale : les difficultés qu'elle présente s'aplaniront petit à petit, et ce sera à nos efforts communs que le notariat devra ses progrès. J'en aurai indiqué la science et vous en aurez composé le corps pratique.

Et le notariat aussi aura sa philosophie!

Mais pour arriver à ce but, n'oublions pas ce que nous enseigne un grand maître en philosophie :

> Patience et longueur de temps
> Font plus que force ni que rage (1).

Résignons-nous à franchir l'un après l'autre tous les intervalles qui nous séparent de notre but. Car s'il n'y a pas plus loin de la quatre-vingt-dix-neuvième vérité d'un corps de doctrine à la centième, que de la première à la

---

(1) La Fontaine.

deuxième, pour celui qui les parcourra successivement de la première à la dernière les
difficultés seront à-peu-près nulles ; tandis que
celui qui voudrait franchir tout d'un coup l'espace qui sépare la première vérité de la dernière, trouverait des obstacles qu'il ne surmon-
terait jamais. Et, supposé qu'il y parvînt, il
n'aurait aucune certitude de posséder d'une
manière positive la vérité qu'il aurait acquise
par instinct.

Ainsi il faut se décider à faire de grands sacrifices pour obtenir un bon résultat : il faut,
comme on dit, semer pour récolter.

En général tout dépend des premiers pas.
Marchons donc lentement pour marcher avec
assurance. Les premiers pas sont les plus dif-
ficiles en toute chose : une fois faits, les autres suivent naturellement sans difficulté ni fatigue pour quiconque veut bien consentir à ne
pas aller trop vite.

Mais nous sommes toujours sous l'empire
des premières habitudes. Il est plus difficile

d'oublier une chose sue que d'en apprendre une nouvelle; chacun de nous n'est pas sans en avoir fait l'expérience. Il importe donc surtout de contracter de bonnes habitudes tout d'abord; car, sans nous en douter, nous sommes toujours un peu sous l'influence de la routine, quelques efforts que nous fassions pour nous y soustraire entièrement. Ne faisons donc rien purement par routine d'abord, car plus tard nous aurions beaucoup à regretter d'en avoir agi ainsi, comme je compte le prouver avec plus de clarté et d'étendue lorsqu'il sera question de la rédaction des actes.

Dès la place de petit clerc, on travaille pour son avenir; c'est déjà le moment où les premières habitudes se forment, et c'est de celles-là que certaines personnes, après des erreurs adoptées, ne peuvent jamais s'affranchir. Encore une fois, c'est du début dans cette carrière que dépend tout l'avenir de celui qui l'embrasse. Aussi, il est indispensable d'y arriver, ou avec des connaissances générales ac-

quises pour être à même de bien apprécier
chaque chose sur laquelle on fixe son attention;
ou avec la résolution imperturbable de faire tous
les sacrifices nécessaires pour en acquérir, et,
dans le cas d'impossibilité, d'y suppléer, autant
que cela se peut, par un travail opiniâtre et
assidu. Il faut avoir sans cesse présentes à l'esprit ces maximes de deux grands maîtres :

L'attention est le plus puissant ressort de l'intelligence
humaine.
Je suis maître de moi même à tout.

Comme les études générales et surtout les
études physiques influent puissamment sur le
moral de ceux qui s'y livrent, je demande la
permission de m'y arrêter un instant. Je n'en
dirai que peu de chose, me disposant à publier
plus tard (1) des réflexions assez étendues sur
l'influence des études physiques, quant au moral
et à la conduite des peuples.

Le premier avantage, et c'est le plus grand
de tous, qu'on retire de ces études, c'est d'ar-

(1) Peut-être lors de mon second volume.

river souvent et sûrement à la vérité: on ne voit dans les choses que ce qui s'y trouve réellement; car on a contracté l'habitude de tout examiner avec la plus scrupuleuse attention. Jamais on ne reçoit ni ne rejette le jugement tout fait d'aucune des personnes qui nous présentent des règles à suivre dans quelque genre que ce soit; on ne s'en laisse imposer par la magie d'aucun de ces mots à l'aide desquels on dispose des hommes, soit pour leur bien, soit pour leur mal, mais toujours à leur insu. Encore une fois, ce n'est pas à dire qu'on doive rejeter ces jugemens, ni se soustraire aux *autorités indispensables* qu'ils servent à fonder; mais en s'y soumettant on sait au moins ce que l'on fait, et lorsqu'on agit avec connaissance de cause, il y a plus de chances probables qu'on se décidera à exécuter même un mauvais commandement imposé par la nécessité, que quand on agit seulement d'instinct. Car l'instinct est docile ou en révolte par pur caprice. Il ne consulte pour agir que ses sympa-

thies ou ses antipathies, et jamais l'utilité, qui
pourtant doit être le principe et le but de
toutes nos actions.

Il est vrai que cette manière simple d'envisager les choses ne prête pas à l'illusion et ne
paraît pas satisfaire en apparence cette nécessité du jeune âge, de sacrifier beaucoup à l'en-
thousiasme, de faire une large part à une
admiration irréfléchie ou aux idées contem-
platives. Vous allez croire que je veux vous
imposer le sacrifice de vos sentimens de bienveillance et vous rendre égoïstes. Mais non !
et qu'on ne s'y trompe pas, loin d'étouffer les
mouvemens généreux, cette manière de voir
les éclaire, les étend, les dirige et les fortifie :
il y a loin de la femmelette qui par sensiblerie
tombe en syncope à la vue d'un épileptique, à
l'être courageux et éclairé qui, de sang-froid,
lui porte tous les secours nécessaires à son état.
Il n'agit pas poussé par les illusions, celui-là !
Aussi accomplit-il des actions de bienfaisance
dont le simple récit fait tressaillir d'épouvante

ceux qui sont habitués à rêver tout en beau. Il
aime mieux la vérité toute simple qu'endiman-
chée, ou entourée d'une multitude de gra-
cieuses, mais trompeuses idées qui la dérobent
à nos regards. Pour lui, *vérité* et *utilité* composent tout le Dictionnaire de ses affections.
Et, sans doute, si toutes les vérités étaient renfermées dans sa main, loin de la tenir fermée,
il se hâterait de l'ouvrir pour les laisser échapper; et, de plus, il les lancerait avec tout l'effort dont il serait capable pour les faire parvenir plus promptement aux points les plus
éloignés. Mais aussi, d'un autre côté, s'il pouvait y tenir renfermées toutes les illusions, il se
hâterait de les étouffer pour qu'aucune ne re-
parût jamais parmi ses semblables.

DÉBUTANT CONSIDÉRÉ QUANT AUX MŒURS DU MAGISTRAT.

Sous l'empire de ce principe de l'utilité, il
ne sera pas difficile au clerc-débutant de régler
sa conduite personnelle.

Au premier plan, se présentera cette idée que
tout est important dans le notariat, et pour lui
et pour les autres; il travaillera dans l'intérêt
du travail; toute son attention sera absorbée
dans la pensée de ses progrès actuels et futurs.
Aussi, c'est sans aucune répugnance qu'il s'oc-
cupera de tous les plus minces détails de l'intérieur d'une étude. Il commencera par les
choses les plus faciles et il ne sera pas long-
temps sans s'apercevoir que la conquête de l'i-
dée la plus simple, mais bien nettement conçue,
en amènera une seconde qui lui paraîtra plus
élevée; et cette opération souvent répétée lui
fera faire de lents, mais immenses progrès vers
le but auquel il tend. Plus il sera résigné à parcourir successivement tous les grades jusqu'à
celui de premier clerc, moins le temps lui paraîtra long, et plus il ira vite; et surtout, plus
il avancera avec assurance et facilité; car je
rappelle ici ce que j'ai dit plus haut à l'égard
de l'acquisition des vérités, et j'en fais l'application à l'acquisition des grades dans la cléri-

cature. S'il les a parcourus successivement ou sans franchir à la fois de trop grands intervalles, il sera toujours apte à occuper le grade immédiatement supérieur. Il ne faut point imiter le sauvage qui coupe l'arbre par le pied pour en avoir le fruit; car ici, moins bien traité que le sauvage, on ne recueillerait rien du tout, si ce n'est la vaine satisfaction du moment, qui serait bientôt remplacée par une assez dure déception. *Le moyen d'être toujours au niveau de son emploi*, ce qui est d'une nécessité absolue, *c'est d'être constamment au-dessus.*

Les gens pressés de jouir ne jouissent jamais! a dit Bernardin-de-Saint-Pierre. Je recommande ce peu de mots aux méditations de mes jeunes camarades. Car il n'est peut-être pas d'état où il doive recevoir une plus grande application que le notariat, puisqu'il exige tout d'abord de *très-grands sacrifices de plus d'un genre* de la part de ceux qui s'y destinent, et que lorsqu'ils prétendent arriver

4

trop tôt à leur but, s'ils l'obtiennent, il leur
est impossible de refaire ou de compléter soit
leur éducation générale, soit leur éducation
notariale. Tout aux travaux du nouveau poste
qu'ils occupent et qu'ils ne rempliront jamais
bien, quelques efforts qu'ils fassent pour cela,
il leur est impossible d'acquérir; ils sont obligés de vivre sur une provision faite. Et si elle
est incomplète ou presque nulle, comme cela
se rencontre!!!

D'ailleurs, « la facilité est le piége des
» hommes médiocres, et ne produit jamais
» rien de grand; ces météores, créations su-
» bites d'une atmosphère enflammée, brillent
» un instant et s'éteignent sans laisser de
» trace. Mais celui qui se défie de ses pre-
» mières conceptions et qui ne s'évapore pas
» de bonne heure, donne à son talent tout ce
» qu'il refuse aux jouissances précoces de la
» vanité. »

Je regarde donc comme indispensable d'observer la hiérarchie cléricale et de s'y sou-

mettre entièrement sous tous les rapports ; ce
à quoi parviendront facilement ceux qui auront
coupé court aux illusions. Ils auront l'avantage
de tirer leur considération de leurs qualités
personnelles et de ne point l'attendre d'un
grade plus ou moins élevé. Sachant que ce
n'est point la place qui honore l'homme, mais
bien l'homme qui honore la place qu'il occupe,
ils resteront étrangers à ces petites rivalités,
à ces futiles distinctions, à ce sot désir de la
domination dont trop d'exemples se rencontrent encore dans les études de notaires,
comme résultat d'une fausse éducation. Car
tout cela n'appartient qu'aux intelligences bor-
nées et aux âmes faibles. La *force* d'un grand
caractère excite contre lui la *jalousie*, mais la
faiblesse n'inspire que la commisération,
quand elle n'est pas réduite à la simple *pitié*.

Et que pourrait la domination d'un cama-
rade supérieur sur celui qui ne reçoit jamais
d'ordres de personne, mais seulement de son
devoir, dont il a su se rendre l'*esclave!*

DÉBUTANT CONSIDÉRÉ QUANT A LA SCIENCE DU LÉGISLATEUR.

Après avoir vu la conduite particulière du débutant, examinons comment il doit envisager la législation.

Je place ici un fragment de la physiologie appliquée à la législation. Il doit servir d'introduction à un ouvrage plus étendu, que jusqu'ici mes occupations ne m'ont pas permis de poursuivre; mais comme il me paraît renfermer à peu près tout ce que je puis dire du débutant législateur, il complétera cette lettre.

Tous les efforts de l'homme ont pour but sa conservation; et même, toujours il tend à se procurer une plus grande somme de biens. Mais s'il a devant les yeux le but qu'il veut atteindre, il n'est pas toujours sûr des moyens à employer pour y parvenir; souvent il les ignore. Et si une éducation quelconque ne dirige pas ses efforts, au lieu d'en recueillir le fruit, il tourne contre lui-même les forces de la nature faute de savoir les employer (1).

D'abord livrée à des idées instinctives, et plus tard exposée au choc violent des passions qui l'agitent, la jeunesse arriverait bientôt à une destruction complète, si les leçons de l'expérience ne venaient tempérer son ardeur imprudente. Elle tomberait dans la décrépitude au sortir de l'enfance. Nous en avons encore de trop nombreux et funestes exemples, malgré les immenses progrès de la civilisation.

Mais ce n'est point l'éducation première qui m'occupe en ce moment ; c'est l'éducation des hommes faits, c'est la législation.

La législation est la science des lois, autrement dit des règles à suivre par tous les hommes pour arriver à leur conservation et à leur perfectionnement. Son importance n'a pas besoin d'être démontrée ; le vouloir faire serait l'in-

(1) O folie humaine ! que de peines nous nous donnons pour dessécher les bienfaits de la nature !

(MIRABEAU.)

jure la plus grossière qu'on pût adresser aux hommes de notre siècle.

Cette importance connue et appréciée de tout le monde, la législation étant en général la science des sciences, doit être un sujet de sérieuses méditations pour tout le monde. D'ailleurs, si on la considérait seulement dans un sens restreint, elle le devrait encore : car *toutes les sciences sont sœurs et se prêtent un mutuel appui; vouloir en cultiver une sans consulter les autres, c'est se priver des plus grands secours.*

Cette vérité est généralement admise. Il y a long-temps qu'on ne s'avise plus d'en contester l'évidence. Chaque jour la démontre davantage; et à chaque instant nous avons lieu de nous en convaincre.

Mais pour que toutes les sciences soient sœurs et se prêtent un mutuel appui, il leur faut nécessairement un point de contact.

Ce point de contact, elles l'ont. Elles ont plus, et il le leur faut aussi, c'est un point central de réunion, ou plutôt un point de départ commun, une source unique. Et cette source unique n'est pas difficile à indiquer; c'est l'âme de l'univers, c'est le mouvement.

On peut trouver, dans les ouvrages publiés par M. Chardel, une foule de réflexions extrêmement judicieuses sur les lois du mouvement et sur l'importance de leur application en général.

M'occupant seulement aujourd'hui de la *nécessité de cette application à la législation en particulier,* je me contente de recommander la lecture attentive de ces ouvrages et surtout du dernier. (*Essai de Psychologie physiologique.*)

Et pour reprendre la question à son origine, comme M. Chardel, j'admets le mouvement universel et la matière, et je dis :

Tout mouvement particulier gravite vers le mouvement général qui l'attire.

Cédant à cette force d'attraction, il fait sans cesse effort pour s'y réunir.

Les grands mouvemens entraînent et régularisent les petits. Aussi, chaque portion de mouvement renfermée captive dans un corps tend à s'en échapper pour se réunir au mouvement des corps plus étendus qui l'avoisinent; ou bien, et toujours, au mouvement universel....

C'est pourquoi, dès l'instant où nous voyons le jour, nous travaillons sans cesse à notre destruction; car nous sommes composés de mouvement enveloppé de matière; ou, suivant l'expression de M. de Montlosier, de forces et de formes.

De ce que tout mouvement particulier fait effort pour se réunir au mouvement général, rien n'est stable autour de nous; tout change, tout périt, nous mourons..... C'est là une loi de la nature; il faut l'étudier, la connaître et s'y soumettre.

Il ne peut pas y avoir de constance autour de nous, ni dans nous; car *vivre c'est agir*, volontairement ou organiquement, et nos mou-

vemens organiques éprouvent eux-mêmes des
perturbations.

L'inconstance est donc dans la nature; elle
est dans tous les êtres vivans. Forcer un être à
la constance, c'est le faire mourir, c'est arrêter
ses moyens d'existence, rendre sa vie à la vie
générale.

Mais la constance est dans la grande loi de la
nature, celle qui fait que tout tend à l'équilibre.
Et c'est elle qu'il faut bien se garder de trans-
gresser; car, être en équilibre ou en harmonie
avec nous-mêmes et avec les objets qui nous
entourent, voilà la seule félicité (1). Elle nous
permet d'exercer librement toutes nos facultés.
Or, on sait que c'est seulement et exclusivement dans cet exercice que consiste le bonheur; aussi, point de bonheur sans liberté.

Mais, d'un autre côté, on sait également
qu'il n'y a point et qu'il ne peut pas y avoir de

---

(1) Nul ne peut s'ordonner bien pour lui-même qu'il ne
s'ordonne par rapport au tout.

(MIRABEAU.)

liberté pleine et entière. C'est pourquoi il n'y a pas de bonheur parfait pour nous dans le monde que nous connaissons. Aussi, Montaigne, dont les ouvrages me paraissent au-dessus de toute espèce d'éloges, n'a-t-il pas hésité à proclamer que *nous ne goustons rien de pur.*

Souffrir est un accident de la vie; il faut s'y résigner. Mais travailler à diminuer nos souffrances est une faculté qui nous a été accordée. Nous devons l'employer en prenant pour guides les lois générales. Vouloir parvenir au même point de perfection qu'elles, c'est impossible ; mais s'y conformer autant qu'il nous est donné de le faire, voilà ce que nous devons.

De là, leur application à la législation.

Paraissant jeté au hasard sur le globe qu'il habite; soumis à l'influence d'élémens sur lesquels il exerce à son tour un puissant empire; pouvant même parvenir à se soustraire à leur action lorsqu'il ne les emploie pas à sa propre conservation, ou à sa plus grande satisfaction, c'est dans l'étude de tout ce qui l'entoure et de tout ce qui se manifeste à ses sens surtout, que l'homme doit chercher les règles de sa conduite. Et c'est dans l'application d'une science unique, universelle, multipliant ses divisions à l'infini, qu'il trouvera la solution de tous les problèmes qu'il lui est donné de pouvoir résoudre (1).

Ainsi c'est l'astronomie qui lui fait connaître l'ensemble de l'univers ; c'est à elle qu'il doit jusqu'à l'usage des pendules dont il a besoin pour régler les plus simples affaires de la journée.

C'est la physique qui lui fait connaître ses rapports avec les élémens, leur influence sur lui et son influence sur eux.

Il doit à la géométrie les figures qu'il emploie journellement pour construire les édifices qui le garantiront de l'intempérie des saisons. Elle se prête même à lui fournir les moyens qu'il met en usage dans les arts de simple agrément.

---

(1) Tout expliquer, c'est tout unir.

(AZAÏS.)

La chimie le guide dans le choix qu'il doit
faire des substances alimentaires, et des médicamens dont l'usage lui est devenu nécessaire
pour recouvrer sa santé, presque toujours affaiblie par les suites de l'ignorance....

L'anatomie lui donne la description de toutes
les pièces dont il est composé.

La physiologie lui fait connaître l'ensemble
et le jeu de ses organes, et l'emploi qu'il en doit
faire. Pour représenter les passions humaines,
le peintre et le poëte ont encore recours à ces
deux sciences.

Par la psychologie il arrive à la division de son
moi en deux êtres. Il peut réfléchir sur sa puissance ou faculté de penser; examiner les organes de sa pensée, les étudier sous le rapport
du travail nécessaire à l'exécution des pensées;
étudier même les lois et les mœurs de ces organes, si je puis m'exprimer ainsi; il sait alors
à quel travail, à quelle fatigue il peut les soumettre, le point où il doit s'arrêter, et la direction la plus avantageuse à leur faire prendre.

Toutes ces sciences, tous ces moyens peuvent se représenter par un seul mot; on peut dire que c'est la *physiologie générale*, qui, dans son sens le plus étendu, est la *description de tout ce que l'homme peut connaître......*

De même qu'elles ont une source unique et un point de réunion, elles ont aussi un seul but pour l'homme; c'est l'utilité.

Toujours sous l'immuable ascendant d'une ferme volonté, sans cesse dirigée vers le bien de la cause commune; sachant faire le sacrifice d'un intérêt d'amour-propre, souvent si mal entendu; ne courant point après la gloire, mais se contentant de la ramasser, pour ainsi dire, sur son chemin; n'ayant en vue et n'attendant d'autre récompense que le témoignage d'une conscience pure et tranquille; et possédant toutes ces notions, toutes ces connaissances, c'est alors, et alors seulement, que le législateur peut hardiment entreprendre de promulguer les lois ou règles de conduite que l'homme doit suivre.

Je dis promulguer et non pas faire des lois,
parce qu'il n'est pas donné à l'homme d'en
faire. Mais il faut que j'explique ici ma pensée,
que je fasse connaître comment je conçois le
législateur.

Ma profession de foi, à cet égard, a déjà
été imprimée en 1828. La voici :

« Jouir et souffrir est la condition de
l'homme sur la terre.

» L'individu appelé législateur doit donc se
livrer à de profondes méditations sur la nature
de l'homme ; voir s'il n'est pas sans cesse do-
miné par le sentiment invincible de sa conservation personnelle ; examiner s'il est né pour
vivre dans l'état de société ; si ce n'est pas là,
pour lui, le véritable état de nature, et chercher à découvrir les moyens qui sont le plus
propres à le conserver d'abord comme individu, et ensuite comme membre de la grande
famille à laquelle il appartient. Il doit examiner
encore si, après avoir accompli un premier
vœu de la nature, en veillant à sa conservation

individuelle, l'homme ne sacrifie pas insensiblement à un autre penchant irrésistible, résultat de son organisation physique et morale,
en tâchant d'augmenter graduellement la
somme de ses jouissances, et en contribuant à
la propagation de son semblable.

» S'il parvient à découvrir les moyens de
rendre heureux l'homme individuel et de conserver le corps social, il doit déclarer comme
faits le résultat des sérieuses réflexions et des
longues observations qui l'ont conduit à la découverte de ces moyens. Il doit les faire connaître, soit parce qu'il les a trouvés dans la nature, soit parce qu'il les a vu pratiquer par les
hommes, et que de cette pratique sont résultés
bonheur individuel et conservation sociale. Il
ne doit jamais oublier, surtout, que *c'est à
l'école des faits que l'on apprend à connaître la vérité.*

» Le législateur peut dire que la cause per-
manente qu'il fait connaître a toujours produit
et produira incessamment tels ou tels effets. De

cette liaison des effets à leurs causes résulte ce qu'on appelle une loi; il doit promulguer (ou faire connaître) cette loi,

» Ainsi le législateur n'a rien à créer. Il doit seulement déclarer ce qui est, ou ce qui doit être, d'après l'ordre de choses existant. Il ne doit adopter comme loi nouvelle aucune loi ancienne avant de l'avoir soumise aux investigations les plus scrupuleuses, à moins qu'il ne consente à la donner sans accepter la responsabilité des conséquences qui en seront la suite. »

Rouen, le 29 avril 1832.

CINQUIÈME LETTRE.

DE L'ÉTUDE DU DROIT.

L'étude des lois fait des citoyens.

(ORTOLAN, *Hist. du Droit politique et constitutionnel.*)

MAIS, d'après M. de Tracy, séparée de celle de la législation, la science du droit n'est que la connaissance de ce qui est ordonné sans retour sur ce qui devrait l'être; ainsi il est manifeste qu'elle est sans théorie comme sans principes. C'est une simple histoire de ce qui est (1).

Dans la lettre précédente, nous avons vu

(1) Logique, chap. 9, p. 3{3.

5

combien est grande l'importance des études générales. J'ajoute qu'elle est inappréciable.

Et pour ce qui est du sujet de cette lettre, il est
impossible de faire de grands progrès dans l'é-
tude du droit, ou dans l'étude des lois, ce qui
est à peu près la même chose, sans avoir préa-
lablement acquis beaucoup de notions préliminaires, sans avoir un grand fonds de ces
connaissances générales qui s'appliquent à tout.

Appliquées à l'étude du droit, ces notions
préliminaires en feront connaître les raisons,
et appliquées à l'étude de la loi, elles en feront
connaître les causes ou motifs.

Dans toutes les sciences, il est indispensable
de remonter aux principes. Or, par principes
du droit on entend les motifs des lois, la connaissance des véritables raisons qui doivent
guider le législateur dans la distribution des
droits qu'il confère aux individus, et des obligations qu'il leur impose. Et par principes des
lois on entend la cause qui leur a donné naissance.

Et c'est l'ignorance de ces causes qui fait, à l'égard du législateur, que les lois sont mauvaises, et incompréhensibles pour celui qui les étudie.

C'est en négligeant de remonter aux principes primitifs, en se contentant d'*à-peu-près*, qu'en tout on fait souvent la folie de confondre ensemble *l'art* et la *science*; deux choses pourtant bien distinctes. C'est pour ne les avoir pas toujours soigneusement séparées qu'en beaucoup de circonstances on s'est préparé des difficultés insurmontables.

Comme c'est à la *science* que l'on doit la *conception*, et à l'art *l'exécution*, il serait bon de toujours faire précéder l'application par une bonne théorie. Car on ne peut *sûrement* exécuter un travail quelconque, qu'après l'avoir bien conçu.

Pour que toutes nos actions soient régulières et conformes aux lois générales, elles ne doivent point être le résultat d'un pur instinct, mais bien d'une détermination éclairée, dirigée par notre jugement, au perfectionnement duquel nous devons travailler sans cesse.

Nos mouvemens externes ou actions appréciables, avant d'être exécutés, doivent d'abord se retracer régulièrement dans notre cerveau. Ainsi, avant de peindre avec les caractères de l'écriture, il faut que le cerveau les connaisse et les conçoive de la dimension voulue, pour les reproduire par les doigts tels qu'ils doivent l'être ; il faut écrire dans sa tête avant d'écrire sur le papier.

Je sais bien que souvent la pratique devance la théorie. Mais quand on marche de la pratique à la science, on va bien plus lentement ; et quand on veut marcher à l'aide de la pratique seulement, on ne va jamais sûrement : on ne fait que de l'automatisme ; c'est une mécanique montée pour produire des mouvemens dans une certaine direction, et dans telle quantité, qui marchera tant qu'elle aura un ressort. Le meilleur et l'indispensable, c'est de pratiquer en s'éclairant en même temps de la

science. Le théoricien sans pratique ne fait
que juger de l'exécution, sans pouvoir exécuter
lui-même; et le praticien sans théorie ne fait
qu'exécuter au hasard, sans se rendre compte
des motifs de l'exécution qu'il ne peut pas
juger avec assurance (1).

_____

(1) Une vérité qu'on ne saurait nier, c'est qu'*un art dépend toujours d'une science....* C'est donc la science que nous
avons à créer pour procéder avec méthode; ensuite on en tirera facilement des conséquences utiles pour la pratique.

DESTUTT DE TRACY,
(*Logique, discours préliminaire.*)

La pratique d'un art peut être portée à un très-haut degré
de perfection, quoique sa théorie soit encore complètement
ignorée : aussi est-ce un phénomène que l'esprit humain nous
montre constamment dans toutes les branches de ses connaissances; et tout surprenant qu'il nous paraît, il est facile de
s'en rendre compte.

En effet, l'homme commence toujours par observer les
faits; mû par ses besoins, il en tire d'abord des conséquences
pratiques; il les varie, il les modifie, il les combine, il en fait
mille applications ingénieuses; c'est là ce qui constitue *l'art*;
et il jouit long-temps de ses succès avant de songer à rapprocher les uns des autres ces faits principaux, à les comparer,

Ce qui rend difficile une étude quelconque,
c'est le défaut de division et d'appréciation de

à examiner leurs rapports, à y découvrir des lois constantes,
et à remonter par elles à des faits antérieurs moins nombreux, dont tous les autres ne soient que des conséquences.
Or, c'est là en quoi consiste la *théorie*..... Ceci, au reste, ne
doit pas faire conclure que les théories en général soient inutiles; elles servent à rectifier et épurer les diverses connaissances, à les rapprocher les unes des autres, à les rattacher à
des principes plus généraux, et enfin à les réunir par tout ce
qu'elles ont de commun.

DESTUTT DE TRACY.
(Élémens d'idéologie, chap. 16.)

Dans les actes de la vie ordinaire, en évaluant des proportions et en combinant des efforts, les hommes préparent
ce qu'ils croient propre à rendre agréable leur passage sur la
terre: *c'est l'art.* Dans des rapports plus vastes, en étudiant
les lois apparentes de la marche du monde, l'homme en découvre qui peuvent appartenir à l'ordre infini : *c'est la
science.* Toute science, toute industrie et toute règle humaine au milieu de l'univers, à jamais inexplicable, suppose pourtant l'observation de quelques-uns des phénomènes
qui sans cesse résultent des lois premières.

(M. DE SÉNANCOURT. Traité sur l'amour.)
(Voyez aussi J.-B. SAY. Économie politique, t. 1er.)

toutes les parties qui en composent l'ensemble.

A l'égard du notariat aussi, il y a deux parties distinctes à étudier : la partie *technique*, celle que tous les jeunes gens apprennent et *pratiquent* sans s'en rendre compte; et la partie *scientifique*, celle qui doit toujours servir à *guider* ou à *rectifier* la première; sans quoi le *notaire* n'est qu'un *objet mécanique*, une machine écrivante, traçant ou prononçant des mots dont la seule habitude lui a indiqué l'emploi à en faire dans certains cas, que toujours il est prêt à confondre l'un avec l'autre sans s'en apercevoir. Non-seulement un tel homme ne connaît pas la loi qu'il applique, mais même il ignore complètement le droit, dont il n'a une apparente connaissance que pour l'avoir entendu répéter devant lui et le répéter lui-même par cœur, à peu près comme font les enfans à qui l'on veut persuader qu'ils doivent admirer les fables de La Fontaine.

Tâchons que pour nous il n'en soit pas de

même. Ne prétendons point à *l'omniscience*; mais essayons du moins de savoir bien le peu que nous saurons.

Pour éviter toute confusion, voyons d'abord ce qu'on appelle *droit* et ce qu'on appelle *loi*.

Je sais que toute définition donnée d'un objet inconnu est prématurée; mais celles qui vont passer sous nos yeux sont le résultat d'études générales que beaucoup de jeunes gens débutant dans la carrière du notariat ont déjà faites.

« Il n'est personne ayant quelque connais-
» sance de notre langue qui ne sache quelle
» est la signification de l'adjectif *droit, droite,*
» lorsqu'il est appliqué à un objet matériel;
» personne n'a besoin qu'on lui définisse ce
» que c'est qu'une ligne droite, un arbre droit.
» Le même mot employé dans un sens figuré
» ou dans un sens moral, a une signification
» semblable. Ainsi, en admettant que le genre
» humain tend naturellement vers son perfec-
» tionnement ou sa prospérité, on considérera
» comme *droite* toute action qui tendra vers ce

» but par le chemin le plus court. On dira que tel
» homme a naturellement le droit de faire telle
» chose, pour indiquer qu'il est utile au genre
» humain que cette chose puisse être libre-
» ment faite par lui et par tous les hommes
» qui se trouvent dans la même position que lui.
» On dira que tel acte est contraire au droit
» naturel pour indiquer qu'il met obstacle à
» des actions utiles aux hommes, ou qu'il fait
» exécuter des actions funestes (1). »

Comme nous l'avons déjà fait remarquer, le
droit et la loi ont une origine commune et sont
pour ainsi dire la même chose. Car la définition du droit a une grande analogie avec cette
définition de la loi :

« Prenons le mot loi dans son sens spéci-
« fique et particulier ; cette acception des mots
» est toujours la première qu'ils aient eue, et il
» faut toujours y remonter pour les bien en-
» tendre. Dans ce sens, nous entendons par

_____

(1) *Traité de législation.*
(CHARLES COMTE.)

» une loi une règle prescrite à nos actions par
» une autorité que nous regardons comme
» ayant le droit de faire cette loi; cette der-
» nière condition est nécessaire, car lors-
» qu'elle manque, la règle prescrite n'est plus
» qu'un ordre arbitraire, un acte de violence
» et d'oppression..................

» Nous appelons par extension lois de la na-
» ture l'expression de la manière dont ces phé-
» nomènes s'opèrent constamment. Ainsi nous
» voyons la chute des graves, nous disons
» que c'est une loi de la nature qu'un corps
» grave abandonné à lui-même tombe par un
» mouvement croissant, comme la série des
» nombres impairs, en sorte que les espaces
» parcourus sont les carrés des temps em-
» ployés; c'est-à-dire que les choses se passent
» comme si une autorité invincible eût ordonné
» qu'elles fussent comme cela, sous peine de
» l'anéantissement inévitable des êtres agis-
» sans (1). »

_____

(1) Destutt de Tracy.

J'imagine que si chacun de nous eût reçu ces explications lors de son début dans l'étude du droit, il aurait pu acquérir avec plus de facilité et de certitude les connaissances faisant suite à ces premières notions. Pour celui qui a attaché le câble qui retient son vaisseau dans le port, il est tranquille ou incertain sur son sort, suivant qu'il a *vu par lui-même* la solidité ou l'insolidité de l'attache. Il en est de même pour l'individu qui groupe ses idées acquises sur une idée première. Il marche avec assurance ou il hésite, suivant qu'il entrevoit la facilité ou l'impossibilité d'aller retremper à volonté la force de ses jugemens à cette idée qui en est la source. Une idée primitive qui n'est point parfaitement conçue, qui n'a point été examinée sous toutes ses faces, laisse dans l'esprit toute l'incertitude à l'égard des jugemens que laisse l'inquiétude occasionnée par l'attache inconnue dont nous venons de parler.

C'est pour avoir été privés de semblables explications que tous les clercs d'une étude dans laquelle je travaillais, et moi compris, nous nous sommes empressés d'admirer la première phrase de l'*Esprit des Lois* de Montesquieu, sans avoir jamais pu parvenir à nous en rendre compte.

Ce premier essai devant lequel nous nous réjouissions en quelque sorte d'avoir échoué, me fit concevoir une telle idée de l'ouvrage entier, que je crus qu'il ne me serait jamais possible d'y rien comprendre. Aussi, ce n'est que bien long-temps après que j'ai pu me décider à le lire.

Ce qui m'est arrivé à l'égard de Montesquieu se rencontre tous les jours chez les débutans dans la carrière du notariat, à l'égard de l'étude du droit. Aussi, je les ai toujours vus faire du Code civil, plutôt un objet de plaisanteries qu'un objet d'étude sérieuse. C'est avec un certain sentiment de vaniteuse satisfaction qu'ils avouent tous n'y rien comprendre, parce qu'il leur paraît trop difficile, trop au-dessus de leurs forces; et vite, ils se hâtent d'ajouter qu'ils n'ont guère envie de l'étudier, parce que, disent-ils, il n'est pas amusant. Certes, je suis loin de prétendre le contraire. Il est bien certain que rien n'offre plus de répugnance que l'étude d'une chose à laquelle on ne peut rien comprendre tout d'abord, quelques efforts que l'on fasse pour cela.

Mais ici, à cette répugnance, il y a deux causes. La première prend sa source dans l'ignorance, sous le rapport des connaissances générales, de ceux qui se livrent à l'étude du droit; et la seconde se trouve, vu l'état actuel des choses, dans les vices du droit lui-même; c'est-à-dire dans le défaut d'ensemble parmi toutes les dispositions du droit, et surtout dans le défaut de promulgation des raisons sur lesquelles il s'appuie.

Les lois doivent toujours être en harmonie entre elles; souvent plusieurs se corrigent et se soutiennent les unes les autres, et pour bien apprécier leurs effets, il faut les rapprocher et les juger dans *leur ensemble* et non pas chacune en particulier et prise isolément. Pour une

loi particulière (dit Condorcet dans ses Observations sur le 29ᵐᵉ. livre de l'*Esprit des Lois*):

« Si l'on veut être sûr qu'elle soit bonne, il
» faudra l'examiner dans son rapport avec
» toutes celles qui doivent entrer dans un bon
» système de lois, pour la branche de législa-
» tion à laqu..lle elle appartient, et avec l'état
» actuel de ce.. branche de législation.

» Plus l'objet de la loi est particulier,
» plus *il importe que le législateur expose*
» *ses motifs.* Il est beaucoup plus aisé de sai-
» sir l'esprit d'une législation générale, ou
» d'une branche de législation, que celui d'une
» loi isolée. »

I. Sans doute que vouloir se mettre dans l'es
prit une disposition de loi dont on ne soupçonne
ni les motifs ni l'utilité, et dont on ignore toutes
les conséquences, est un travail tout-à-fait
rebutant, et, j'ose dire, une tâche impossible.

Que le Code soit mal fait, j'y consens. Je ne

Veut point contrarier ceux qui le prétendent
ainsi. Mais ce n'est pas une raison pour dire
qu'il est tout-à-fait impossible à comprendre.

Pour apprécier une loi, il en faut connaître
les motifs, c'est incontestable. Mais aussi, pour
la critiquer, il en faut connaître une meilleure
et pouvoir déduire les motifs sur lesquels on
prétend l'établir. Hé bien ! dans un cas comme
dans l'autre, en faisant appel aux connaissances
générales acquises, on trouvera toujours satisfaction complète. Car, si la loi est juste, par
rapport à celui qui l'étudie, elle ne sera que le
résumé, la conclusion de toutes les idées pré-
conçues par lui sur le sujet qu'elle règle. Si
elle est mauvaise, son texte sera en contradic-
tion avec la solution qu'il espérait rencontrer ;
et alors il opposera aux motifs dont on s'est
servi pour l'établir, ceux qu'il croit meilleurs,
ou bien il examinera tous les raisonnemens du
législateur, et verra si ce texte est une conséquence juste des principes sur lesquels on aura
appuyé la promulgation de cette loi.

Ainsi, il est bien certain que pour celui qui
aura une bonne provision de connaissances acquises en législation, tous les textes de loi lui
serviront de résumé pour ces connaissances. Il
n'y aura pour lui ni ennui ni fatigue dans l'é-
tude de la loi; il n'y verra qu'une simple vérification de faits.

Mais pour celui qui arrive sans aucunes connaissances générales, il en est bien autrement !
il ne peut voir dans un texte de loi aucun résumé, aucun moyen de vérification; il n'y comprendra jamais rien s'il n'a recours d'abord à
son bon sens naturel, dont il doit se méfier
beaucoup, et ensuite aux *motifs promulgués*
des lois qu'il étudie. Il faut que, par un travail
fatigant et souvent rebutant, il cherche continuellement et avec soin à découvrir tous les
motifs qui ont servi de base à chaque texte qui
passe sous ses yeux. Pour lui un texte de loi ne
sera point un résumé. Ce sera au contraire par
cette étude particulière qu'il devra commencer
ses études générales, indispensables pour l'in-

telligence du jugement qu'il doit porter. Il commencera toujours par où l'autre finit. Il lui sera
continuellement impossible d'embrasser d'un
seul coup d'œil toute l'étendue d'une loi, et ses
rapports avec d'autres lois. Ne pouvant soule-
ver le voile qu'à l'égard d'une portion, il verra
souvent trouble ; et s'il ne se détermine pas à
faire pourtant tous les sacrifices qu'exigeront
toutes ces opérations partielles , j'ose affirmer
qu'il ne verra jamais bien. Sans cesse il prendra
des mots les uns pour les autres, ou il en ac-
couplera qui hurleront de se trouver réunis ;
comme ceux-ci, par exemple, lorsqu'il s'agit
seulement de débiteurs solidaires et principaux
engagés : *Sous toute renonciation aux bénéfices de division et de discussion.*

II. C'est pour lui qu'il serait bien avantageux que le droit fut un ensemble de dispositions bien coordonnées et toutes rendues avec
des mots bien faciles à comprendre, et non sujets à équivoque. C'est pour lui qu'il serait bien,

6

à désirer, ainsi que pour tout le monde, que les raisons des lois fussent toujours clairement promulguées. Car si toutes les lois étaient claires et faciles à comprendre, chacun les étudierait sans plus de répugnance que toutes les autres choses usuelles; et pour celui qui en fait son état, il y trouverait un véritable plaisir. Malheureusement il n'en est pas ainsi, car, suivant qu'on l'a remarqué :

De toutes les branches de la législation, le droit civil est celle qui a le moins d'attrait pour ceux qui n'étudient pas la jurisprudence par état. Ce n'est pas même dire assez : elle inspire une espèce d'effroi. La curiosité s'est longtemps portée avec ardeur sur l'économie politique, sur les lois pénales et sur les principes des gouvernemens. Des ouvrages célèbres avaient accrédité ces études, et sous peine d'avouer une infériorité humiliante, il fallait les connaître et surtout les juger.

Mais le droit civil n'est jamais sorti de l'enceinte obscure du barreau. Les commentateurs

dorment dans la poussière des bibliothèques,
à côté des controversistes. Le public ignore
jusqu'au nom des sectes qui les divisent, et regarde avec un respect muet ces nombreux in-
folio, ces énormes compilations ornées des titres pompeux de *Corps de Droit* et de *Jurisprudence Universelle*.

La répugnance générale contre cette étude
est le résultat de la manière dont elle a été trai-
tée. Tous ces ouvrages sont dans la science des
lois ce qu'étaient dans les sciences naturelles
ceux des scolastiques avant la philosophie ex-
périmentale. Ceux qui attribuent leur séche-
resse et leur obscurité à la nature même du
sujet, ont trop d'indulgence.

En effet, de quoi s'agit-il dans cette partie
des lois? Elle traite de tout ce qu'il y a de plus
intéressant pour les hommes, de leur sûreté,
de leur propriété, de leurs transactions réciproques et journalières, de leur condition do-
mestique dans les rapports de père, de fils et
d'époux. C'est là qu'on voit naître les droits et

les obligations ; car tous les objets de la loi peuvent se réduire à ces deux termes , il n'y a point
là de mystère.

NOTE ADDITIONNELLE.

Comme les écrits de Jérémie Bentham ne sont malheureusement pas connus de la majeure partie de ceux qui commencent l'étude du notariat, et que, pour mon compte, je ne les ai jamais vus dans la main d'aucun de mes camarades, qui ignoraient même, pour la plupart, qu'il y eût un auteur de ce nom, je crois leur rendre un vrai service en donnant ici son chapitre sur la promulgation des raisons des lois, et celui qui trâite du style des lois. I'. m'en sauront gré et se hâteront sans doute de méditer l'ouvrage tout entier. J'aurais pu arranger les idées que renferment ces deux chapitres de manière à pouvoir les présenter comme m'appartenant. A ce moyen, je me serais donné le mérite de n'être point un copiste. Mais, pour entrer dans les principes de M. Bentham lui-même, je considère plutôt *l'utilité* qu'une vaine satisfaction de sot amour-propre; et j'aime mieux les donner textuellement, telles

que je les ai trouvées. Il ne m'appartient point
de les défigurer : je crois leur devoir trop de
respect pour oser y porter une main sacrilège.
Et d'ailleurs peu importe d'où nous vient la
vérité pourvu qu'on nous la présente simple et
facile à reconnaître ! L'essentiel, c'est qu'elle
nous arrive.

PROMULGATION DES RAISONS DES LOIS.

Pour écrire des lois, il suffit de savoir écrire ;
pour en établir, il suffit d'en posséder le pouvoir. La difficulté, c'est d'en établir de bonnes :
or, les bonnes lois sont celles pour lesquelles il
y a de bonnes raisons à assigner. Mais autre
chose est de donner des lois justifiables par de
bonnes raisons, autre chose est d'avoir trouvé
ces raisons mêmes et d'être en état de les présenter sous le point de vue le plus avantageux.
Un troisième problème, plus difficile encore,
c'est de donner à toutes les lois pour base commune un principe unique et lumineux, de les
mettre en harmonie, de les disposer dans le

meilleur ordre, de leur donner la plus grande
simplicité et la plus grande clarté dont elles
soient susceptibles. Trouver une raison isolée
pour une loi, ce n'est rien faire. Il faut avoir
une balance comparative du pour et du contre;
car on ne peut se livrer avec confiance à une
raison, qu'autant qu'on a les moyens de s'assurer qu'il n'en est point de plus forte qui
agisse en sens contraire.

Jusqu'à présent, les raisons ont été regar-
dées dans les lois comme des hors-d'œuvre (1).
Il ne faut pas s'en étonner, ce qui a dirigé les
législateurs sur les points les plus importans,
c'est une espèce d'instinct : ils ont senti un
mal, ils en ont cherché confusément le remède.
On a fait les lois à peu près comme l'on a bâti les
premières villes. Chercher un plan dans cet en-
tassement divers d'ordonnances, ce serait
chercher un système d'architecture dans les
chaumières d'un village. Que dis-je ? on avait

---

(1) Je parlerai bientôt de quelques exceptions honorables.
(*Note de l'ouvrage cité.*)

mis en principe qu'une loi ne devait porter que
le caractère de l'autorité absolue. Le chancelier Bacon, ce grand restaurateur de l'entendement humain, ne veut pas qu'on as-
signe des raisons aux lois; il n'y voit qu'une
source de disputes, qu'un moyen de les affaiblir. C'était d'ailleurs un tribut qu'il payait aux
idées de son siècle, et surtout au prince dont il
n'était que trop le courtisan. La sagesse des
rois ne devait pas être révoquée en doute. *Sic*
volo, sic jubeo, stet pro ratione voluntas:
telle était leur devise.

Il faut convenir qu'à l'époque où vivait Bacon, les notions sur les principes des lois étaient
trop imparfaites pour servir de base à un système raisonné. Il était plus capable que personne de sentir la faiblesse des meilleures raisons qu'on aurait pu donner pour justifier la
plus grande partie des lois existantes; et il ne
fallait pas les exposer à une épreuve qu'elles
n'auraient pu subir.

Il y aurait plus de Codes raisonnés, si

ceux qui font les lois se croyaient aussi supé-
rieurs en lumières aux autres hommes, qu'ils
le sont en pouvoir. Celui qui se sentirait la
force de fournir cette carrière, ne renoncerait
pas à la partie la plus flatteuse de son emploi;
s'il n'en avait pas besoin pour satisfaire le peuple, il le voudrait pour se satisfaire lui-même.
Il sentirait qu'on ne veut prendre le privilége
de l'infaillibilité qu'au moment où l'on renonce
à celui de la raison. Celui qui a de quoi convaincre les hommes les traite en hommes; celui
qui se borne à commander avoue l'impuissance
de convaincre.

La composition d'un Code de lois n'est
pas un ouvrage de prince. La situation où le
souverain se trouve, le genre de vie qu'il a dû
mener, les devoirs auxquels il est assujéti, l'ex-
cluént absolument des connaissances de détail
qu'un tel ouvrage demande. Engagés dans les
labyrinthes de la jurisprudence, un César, un
Charlemagne, un Frédéric, n'auraient plus été
que des hommes ordinaires, inférieurs à ceux

qui avaient blanchi dans des études arides et
des méditations abstraites. Leur génie aurait
pu suggérer de grandes vues, mais l'exécution
exige un genre d'expérience qui ne saurait
leur appartenir. Supposez un Code parfait : il
suffirait, pour caractériser un grand homme
parmi les souverains, d'en reconnaître le mérite et de lui prêter son appui. Ce n'est donc
pas du prince qui donne l'authenticité aux lois,
que les raisons justificatives seront censées venir. C'est le rédacteur qui doit les présenter,
c'est à lui seul à en répondre. Ce n'est pas la
loi même, c'est le commentaire de la loi. La loi
a le sceau de l'autorité suprême. Le commentaire, quoiqu'il accompagne la loi, n'a point
d'autorité légale et garde à sa suite un rang su-
balterne.

D'ailleurs, si le nom du souverain a plus
d'influence sur le siècle présent, le nom de
l'homme de génie en obtiendra plus sur l'avenir.
Le pouvoir charme l'imagination et s'allie naturellement aux idées de prudence et de sa-

gesse; mais la mort dissout cette union, au
lieu qu'elle ajoute au respect qu'on porte aux
grands talens, parce qu'on ne voit plus les fai-
blesses de l'individu, et qu'on n'a pas à craindre sa rivalité. Alors les lois profiteront de
cette vénération qu'on porte à l'homme de génie quand il n'est plus, et son nom pourra
servir à les défendre contre des invasions pré-
cipitées.

Je me représente ce jurisconsulte chargé de
ce noble travail, présentant les fruits de son
expérience et des études de sa vie, et commen-
çant ainsi le compte-rendu de son ouvrage:

« Sire, les lois que je vous propose ne sont
» pas le produit de mes caprices; elles ne ren-
» ferment pas une disposition qui ne m'ait paru
» fondée sur des principes d'utilité, pas une
» qui ne m'ait paru, relativement aux circons-
» tances de la nation pour qui j'ai travaillé,
» meilleure que toute autre qu'on pourrait lui
» substituer. Ces raisons m'ont paru si sim-

» ples, si claires, si faciles à déduire d'un seul
» principe, que j'ai pu les exposer toutes dans
» un espace très-limité. Vous y verrez la con-
» formité de chaque loi avec le but que la loi
» se propose. Chaque disposition portant avec
» elle sa raison même; si je ne me trompe, j'ai
» l'assurance de ne pouvoir tromper ceux qui
» me jugent. Je ne m'enveloppe point de té-
» nèbres savantes. J'en appelle à l'expérience
» commune; je refuserais le dangereux hon-
» neur de la confiance; je ne demande que
» l'examen.

» Sire, en me soumettant à la nécessité d'ex-
» poser mes raisons à côté de chaque loi, j'ai
» voulu vous rassurer sur l'emploi de votre
» puissance. L'arbitraire cesse, la tyrannie ne
» peut pas adopter cette forme, elle y trouve-
» rait sa condamnation. Une loi capricieuse,
» une loi oppressive, c'est une loi qui a de
» fortes raisons contre elle, et qui n'en a point
» en sa faveur. La main du plus vil jurisconn-
» sulte tremblerait, s'il était forcé de se désho-

» norer aux yeux de l'univers en cherchant
» une apologie pour une loi que l'équité con-
» damne. Il n'a été que trop commun de faire
» de telles lois, mais on les commande, on ne
» les raisonne pas, on les fait passer sous des
» prétextes politiques, comme des secrets d'é-
» tat, qu'il n'est pas permis au peuple d'ap-
» profondir. La justice seule ne craint pas la
» publicité. Plus elle est appelée à se faire con-
» naître, plus elle jouit de sa récompense. »

C'est ainsi que le chancelier de Frédéric aurait pu parler à ce grand homme, s'il avait eu à lui présenter un Code raisonné au lieu d'une compilation justinienne. Frédéric eût été digne de ce langage, et l'on aurait vu cette alliance qui est encore à naître entre la puissance qui sanctionne des lois et la sagesse qui les justifie.

Entrons dans un plus grand détail sur les différentes utilités qui résulteraient d'une application soutenue et constante de cette méthode. Une innovation a toujours besoin d'être justifiée. Une innovation qui s'étend au système entier des lois a besoin de l'être par les raisons les plus fortes.

Je dis d'abord que les lois, si elles étaient constamment accompagnées d'un commentaire raisonné, rempliraient mieux, à tous égards, le but du législateur; elles seraient plus agréables à étudier, plus faciles à concevoir, plus aisées à retenir, plus propres à se concilier l'affection des hommes. Tous ces heureux effets sont intimement liés entre eux. Obtenir l'un, c'est une avance pour obtenir les autres.

Si l'étude des lois est aride, c'est moins par la nature du sujet que par la manière dont il est traité. Ce qui rend les livres de jurisprudence si secs et si ennuyeux, c'est la confusion, l'arbitraire, le défaut de liaison, les nomenclatures barbares, l'apparence de caprices, la difficulté de découvrir des raisons dans ces amas de lois incohérentes et contradictoires. Les compilateurs ont fait de leurs ouvrages un exercice de patience; ils ne s'adressent qu'à la

mémoire, ils négligent la raison. Les lois, sous
une forme austère, ne s'adressent qu'à l'obéissance, qui est triste par elle-même : elles ne savent pas déposer leur sévérité pour parler aux
hommes comme un bon père parle à ses enfans.

Accompagnez vos lois des raisons qui les jus-
tifient ; c'est un repos ménagé dans une carrière
fatigante et aride : ce sera un moyen de plaisir
si, à chaque pas qu'on fait, on trouve la solution de quelque énigme, si on entre dans l'intimité du conseil des sages , si on participe aux
secrets du législateur, si en étudiant le livre
des lois, on y trouve encore un manuel de philosophie et de morale. C'est une source d'intérêt que vous faites jaillir du sein d'une étude
dont l'ennui repousse aujourd'hui tous ceux
qui n'y sont pas attirés par la nécessité de leur
condition. C'est un attrait pour la jeunesse,
pour les gens du monde, pour tous ceux qui
se piquent de raison et de philosophie ; et bientôt il ne sera plus permis d'ignorer ce qu'on
aura rendu facile et agréable à apprendre.

Cet exposé des raisons rendra vos lois plus
faciles à concevoir. Une disposition dont on
ignore le motif ne jette pas des racines profondes dans l'intelligence ; on ne comprend bien
que les choses dont on comprend le pourquoi.
Les termes de la loi peuvent être clairs et familiers ; mais ajoutez-y la raison de la loi, la lumière augmente ; il ne peut plus rester de
doute sur la véritable intention du législateur.
L'intelligence de ceux qui la lisent communique
immédiatement avec l'intelligence de ceux qui
l'ont faite.

Plus les lois se conçoivent facilement, plus
il est aisé de les retenir. Les raisons sont une
espèce de *Mémoire technique* ; elles servent de
lien et de ciment à toutes ces dispositions qui
ne seraient sans elles que des fragmens et des
ruines dispersées. Les lois seules pourraient se
comparer à un dictionnaire de mots. Les lois
accompagnées de leurs raisons sont comme
une langue dont on possède les principes et les
analogies.

Ces raisons même deviennent une espèce de guide pour les cas où la loi serait ignorée : on peut préjuger ses dispositions, et par la connaissance acquise des principes du législateur, se mettre en sa place, le deviner ou conjecturer ses volontés, comme on présume celles d'une personne raisonnable avec laquelle on a vécu et dont on connaît les maximes.

Mais le plus grand avantage qui en résulte est celui de concilier les esprits, de satisfaire le jugement public, et de faire obéir aux lois, non par un principe passif, non par une crainte aveugle, mais par le concours des volontés mêmes.

Dans les cas où on craint le peuple, on lui donne des raisons ; mais ce moyen extraordinaire réussit rarement, parce qu'il est extraordinaire. Le peuple soupçonne alors quelque intérêt de le tromper ; il est sur ses gardes, il se livre plus à ses défiances qu'à son jugement.

Faute de raisons, toutes les lois se trouvent condamnées et défendues avec un aveuglement

7

égal. A entendre les novateurs, la loi la plus salutaire sera l'œuvre de la tyrannie. A entendre
la foule des jurisconsultes, la loi la plus absurde,
surtout si son origine est inconnue, passera
pour la sagesse même.

Exposer les raisons des lois, c'est désarmer
les froideurs et les fanatiques, parce que c'est
donner à toutes les discussions sur les lois un
objet clair et déterminé. Voilà la loi, voilà la
raison assignée à la loi. Cette raison est-elle
bonne? est-elle mauvaise? La question est
réduite à ce terme simple : or, ceux qui ont
suivi le progrès des querelles politiques savent
que l'objet des chefs est surtout d'éviter ce fa-
tal écueil, cet examen de l'utilité. Les personna-
lités, les antiquités, le droit naturel, le droit
des gens, et mille autres moyens, ne sont que
des ressources inventées contre cette manière
d'abréger et de résoudre les controverses.

La loi, fondée sur des raisons, s'infuserait
pour ainsi dire dans l'esprit public, elle deviendrait la logique du peuple; elle étendrait

son influence jusque sur cette partie de la conduite qui n'est que du ressort de la morale ; le
code de l'opinion se formerait, par analogie,
sur le Co⟨⟩ des lois, et dans cet accord de
l'homme et du citoyen, l'obéissance à la loi se
distinguerait à peine du sentiment de la liberté.

Le commentaire raisonné sera d'une utilité
sensible dans l'application des lois. C'est une
boussole pour les juges et pour tous les employés
du gouvernement. La raison énoncée ramène
sans cesse au but du législateur ceux qui auraient pu s'en écarter. Une interprétation
fausse ne pourrait pas cadrer avec cette raison.
Les erreurs de bonne foi deviennent comme impossibles ; les prévarications ne pourraient plus
se cacher.

La route de la loi est éclairée dans toute son
étendue, et les citoyens sont les juges des juges.

Sous un point de vue plus général encore,
l'adoption de cet usage est recommandable par
son influence sur le perfectionnement des lois.
Le besoin de fournir à chaque loi une raison

proportionnée, sera d'une part un préservatif
contre une routine aveugle, et de l'autre un
frein contre l'arbitraire. Si vous êtes toujours
obligé d'énoncer un motif, il faudra penser
au lieu de transcrire, se faire des idées distinctes, ne rien admettre sans preuves. Il n'y
aura plus moyen de conserver dans les Codes
des distinctions fantastiques, des dispositions
inutiles, des gênes surérogatoires; les inconsé-
quences deviennent trop saillantes; les dispa-
rates du bon et du mauvais blesseront tous les
yeux. Les parties les plus défectueuses ten-
draient sans cesse, par cette comparaison, à
se corriger sur le modèle des plus parfaites;
celles qui auraient atteint leur plus haut degré de
perfection ne pourraient plus le perdre. Une
bonne raison est une sauvegarde qui les dé-
fend contre les changemens précipités et capri-
cieux. Un cortége aussi respectable en impose
au novateur le plus téméraire. La force de la
raison devient la force de la loi. C'est comme
une ancre qui empêche le vaisseau de flotter

au gré des vents, ou de dériver insensiblement par la force d'un courant invisible.

On dira peut-être que les lois, et surtout les lois essentielles, portent sur des vérités si palpables, qu'il n'est pas besoin de les prouver. Le but du raisonnement est la conviction : or, si la conviction existe déjà tout entière, à quoi bon employer le raisonnement pour la produire ?

Il est des vérités qu'il faut prouver, non pour elles-mêmes, puisqu'elles sont reconnues, mais pour conduire à d'autres vérités qui en dépendent. Il faut démontrer les vérités palpables pour faire adopter celles qui ne le sont pas. C'est par elles qu'on parvient à faire recevoir le vrai principe, qui, une fois reçu, prépare les voies à toutes les autres vérités. L'assassinat est une mauvaise action, tout le monde en convient; la peine en doit être sévère, tout le monde en convient encore; si donc il est besoin d'analyser les funestes effets de l'assassinat, ce sera comme un degré nécessaire pour amener les hommes à trouver bon que la loi distingue entre différens assassinats, qu'elle en punisse les différentes espèces selon la malignité relative ; qu'elle ne punisse pas ou qu'elle punisse d'une peine moindre les actes qui ont les caractères extérieurs de l'assassinat, mais qui n'en sont pas les fruits amers ; par exemple, le suicide, le duel, l'infanticide, le meurtre après une provocation violente.

De même, s'il faut exposer le mal résultant du vol, ce n'est pas pour amener les hommes à convenir que le vol est mauvais, c'est pour les amener à convenir d'une foule d'autres vérités, qui, faute de cette première démonstration, sont jusqu'à présent restées couvertes d'un nuage. C'est en particulier pour ramener à ce genre de délit des actes qui n'ont point reçu ce caractère. C'est pour en détacher d'autres actes qu'on rapporte à ce délit sans raison suffisante ; c'est, en un mot, pour rassembler sous ce chef toutes ces espèces, et pour établir des différences correspondantes dans les peines.

Pourquoi les lois de chaque état sont-elles
ignorées dans tout autre? C'est qu'elles ont
été jetées au hasard, sans liaison et sans symé-
trie; c'est qu'il n'y a point entre elles de mesure commune. Il y a sans doute des cas où la
diversité des circonstances locales demande
une diversité de législation. Mais ces cas pourraient n'être que des exceptions assez peu nombreuses, et beaucoup moins nombreuses qu'on
ne paraît communément le croire. Il faut bien
distinguer, à cet égard, ce qui est d'une nécessité absolue et ce qui est d'une nécessité temporaire. Les différences d'une nécessité absolue sont fondées sur des circonstances qui ne
peuvent pas changer. Les différences d'une nécessité temporaire sont fondées sur des circonstances accidentelles qui peuvent changer.

S'il est un moyen de rapprocher les nations,
c'est sans doute celui que je propose, celui de
fonder un système de lois sur des raisons clairement énoncées. La communication libre des
lumières propagerait en tout sens ce système

dès l'instant de sa création. Une législation raisonnée se préparerait de loin une domination
universelle.

Depuis que les philosophes ont commencé à
comparer les lois des différens peuples, lorsqu'ils peuvent leur deviner quelque raison, ou
saisir entre elles quelque rapport de ressem-
blance ou de contraste, c'est une espèce de découverte. Si les législateurs avaient été guidés
par le principe de l'utilité, ces recherches seraient sans objet: les lois dérivées d'un même
principe et tendant vers un même but, ne se
prêteraient pas à ces systèmes, plus ingénieux
que solides, dans lesquels on veut trouver une
raison à tout, et dans lesquels on imagine que
trouver une raison à une loi, c'est la justifier.

Montesquieu a souvent égaré ses lecteurs ; il
emploie tout son esprit, c'est-à-dire l'esprit le
plus brillant, à découvrir dans le chaos des
lois les raisons qui peuvent avoir conduit
les législateurs; il veut leur prêter une intention de sagesse dans les institutions les plus

contradictoires et les plus bizarres ; et quand
on lui accorderait qu'il a eu la révélation de
leurs vrais motifs, que faudrait-il en conclure?
Ils ont agi par une raison, mais cette raison
est-elle bonne? Si elle était bonne à quelques
égards, était-elle la meilleure? S'ils avaient fait
une loi directement opposée, n'auraient-ils pas
fait mieux encore? Voilà l'examen qui reste
toujours à faire, voilà l'examen où il ne descend
presque jamais.

La science des lois, quoique si peu avancée,
est bien plus simple qu'on ne serait porté à le
croire après la lecture de Montesquieu. Le
principe de l'utilité ramène toutes les raisons
à un seul centre. Les raisons qui s'appliquent
au détail des dispositions ne sont que des vues
d'utilité subordonnée.

Dans la loi civile, les raisons seront tirées de
quatre sources, c'est-à-dire, des quatre objets
sur lesquels le législateur doit régler sa conduite dans la distribution des lois privées :
subsistance, abondance, égalité, sûreté.

Dans la loi pénale, les raisons seront dé-
duites de la nature du mal des délits et de celles
des remèdes dont ils sont susceptibles ; ces remèdes sont de quatre classes : remèdes *pré-
ventifs*, remèdes *suppressifs*, remèdes *satis-
factoires*, remèdes *pénaux.*

Dans la procédure, les raisons prendront
également leur source dans les divers buts qu'on
doit se proposer : *droiture dans les jugemens,
célérité, économie.*

Dans la finance, on tirera ses raisons de deux
objets principaux : *épargne* dans la dépense
pour éviter le mal de la contrainte, *choix* de
l'impôt pour éviter les inconvéniens accessoires.

Chaque branche de loi a ses raisons à part,
déterminées par son but particulier, mais toujours subordonnées au but général de l'utilité.

Il y a des parties de la loi où l'usage d'assigner des raisons a été suivi, jusqu'à un certain
point; en matière de police, de finance et d'é-
conomie politique. Leur objet est plus moderne;
il a fallu tout faire à cet égard, parce qu'on n'a-

vait rien trouvé dans les anciennes lois; et ce qu'on a fait était le plus souvent non-seulement une innovation, mais encore une dérogation positive à d'anciens usages, à des préjugés : il a donc fallu les combattre, il a fallu que l'autorité se justifiât elle-même. Telle a été la cause de ces préambules qui ont fait tant d'honneur à M. Turgot et à M. Necker.

Mais il y a des branches de législation bien plus importantes, dans lesquelles il n'est pas d'usage d'assigner des raisons; le Code civil, le Code pénal, la Procédure civile, la Procédure pénale. Si on ne l'a pas fait, ce n'est point qu'on n'ait pas osé, c'est parce qu'on n'a pas su le faire. Les juristes avaient entre eux une langue particulière, des raisons techniques, des fictions convenues, une logique qui avait cours au barreau; mais un sentiment confus les avertissait que le public aurait bien pu ne pas avoir la même complaisance et ne pas se payer du même jargon.

Si les chanceliers des rois avaient été des

Turgot et des Necker, ils auraient, comme eux, senti plus d'orgueil à donner des raisons qu'à faire des édits; mais pour faire une loi, il ne faut que posséder une certaine place : pour faire une loi raisonnable et raisonnée, il faut être digne de cette place.

Mais une raison isolée est bien peu de chose. Les raisons des lois, si elles sont bonnes, sont tellement liées, qu'à moins de les avoir préparées pour le tout ensemble, on ne saurait en donner avec certitude pour aucune partie. Ainsi, pour présenter de la manière la plus avantageuse la raison d'une seule loi, il fallait avoir formé le plan d'un système raisonné de toutes les lois. Pour assigner une véritable raison à une seule loi, il fallait avoir auparavant jeté les bases d'un système raisonnable de morale. Il fallait avoir analysé le principe de l'utilité, et l'avoir séparé des deux faux principes.

Donner la raison d'une loi, c'est faire voir comment elle est conforme au but de l'utilité.

D'après ce principe, la répugnance que nous

inspire telle ou telle action ne suffit pas pour autoriser à la prohiber. Une telle prohibition ne serait fondée que sur le principe d'antipathie.

La satisfaction que nous fait éprouver telle ou telle action ne suffit pas pour autoriser à faire une loi qui l'ordonne. Cette loi ne serait fondée que sur le principe de sympathie.

Le grand office des lois, le seul qui soit évidemment et incontestablement nécessaire, est d'empêcher les individus dans la recherche de leur propre bonheur, de détruire une quantité plus grande du bonheur d'autrui. Imposer des gênes à l'individu pour son propre bien, c'est l'office de l'éducation ; c'est l'office de l'adulte envers le mineur, du curateur envers l'insensé ; c'est rarement celui du législateur envers le peuple.

Ce n'est pas une idée simplement spéculative que je recommande. J'ai exécuté un système de lois pénales en les accompagnant d'un commentaire raisonné où les dispositions, même les moins importantes, sont justifiées. Je suis si convaincu de la nécessité de cet exposé des raisons, que je ne voudrais m'en dispenser à aucun prix. Se fier à ce qu'on appelle *instinct* du juste, *sentiment* du vrai, c'est une source d'erreur. J'ai vu par mille expériences que les plus grandes méprises se cachaient dans tous les sentimens qui n'ont pas été au creuset de l'examen. Si le sentiment, ce premier guide, cet avant-coureur de l'esprit est juste, il sera toujours possible de le traduire dans la langue de la raison. Les peines et les plaisirs, comme j'ai eu souvent à le répéter, sont l'unique source des idées claires en morale : ces idées peuvent être rendues familières à tout le monde. Le commentaire raisonné ne vaudrait rien, s'il ne pouvait être le catéchisme du peuple.....

DU STYLE DES LOIS.

Il faut distinguer dans le style des lois les perfections essentielles et les perfections secondaires.

Les premières consistent à éviter les défauts qui le corrompent.

Les secondes à saisir les beautés qui lui conviennent.

Le but des lois est de rédiger la conduite du citoyen. Deux choses sont nécessaires à l'accomplissement de ce but ; 1°. Que la loi soit claire, c'est-à-dire qu'elle fasse naître dans l'esprit une idée qui représente exactement la volonté du législateur ; 2°. que la loi soit concise, afin qu'elle se fixe aisément dans la mémoire. *Clarté, brièveté,* voilà donc les deux qualités essentielles.

Tout ce qui contribue à la brièveté, contribue à la clarté.

La volonté du législateur ne sera point placée dans l'esprit du citoyen, ou n'y sera pas exactement, 1°. lorsque les paroles de la loi ne présentent pas des propositions intelligibles ; 2°. lorsqu'elles ne présentent qu'une partie de l'idée qu'on a voulu faire naître ; 3°. lorsqu'elles présentent une proposition

différente de celle qui était dans l'intention
du législateur ; 4°. lorsqu'elles renferment des
propositions étrangères, conjointement avec
la proposition principale,

Les défauts du style peuvent donc se rapporter à quatre chefs : proposition inintelligible, proposition équivoque, proposition
trop étendue, proposition trop restreinte.

Je me servirai pour exemple d'une loi citée
par Puffendorf, et qui avait été faite, si je
ne me trompe, pour un pays où le délit de
l'assassinat était devenu fréquent : « Quicon-
» que aura tiré du sang dans les rues, dit la
» loi, sera puni de mort. » Un chirurgien
trouve dans une rue un homme évanoui, et
lui fait une saignée. Cet événement fit sentir
le besoin d'interprétation, c'est-à-dire il mit
à découvert un des vices de la loi.

Cette rédaction était vicieuse par excès et
par défaut : par excès, en ce qu'elle n'admet-
tait point d'exception pour les cas où l'action
de tirer du sang dans les rues n'avait rien

que d'utile ou d'innocent; par défaut, en ce qu'elle ne s'étendait pas aux meurtrissures et autres manières de blesser non moins dangereuses que des plaies sanglantes.

L'intention du législateur était de comprendre dans la prohibition toutes les espèces d'injures graves qui peuvent se commettre dans les places publiques. Il n'avait point su exprimer clairement cette intention.

Un juge, en s'attachant au texte, y comprend des accidens légers, et même des œuvres de bienfaisance.

Un autre juge, également fidèle au texte, laisse dans l'impunité des actes de violence plus nuisibles que des coups qui ont fait couler le sang.

La loi qui présente différentes significations au juge ne peut pas avoir plus de clarté pour les individus.

L'un trouve un passant frappé d'apoplexie, et le laisse mourir par prudence.

Un autre, dans un cas semblable, n'écoute

8

que l'humanité, et, secourant le malade en violant la lettre de la loi, il s'expose à être condamné par un juge inflexible.

Un autre, se confiant au sens littéral, laisse son adversaire à demi-mort de coups, à la manière de cet archevêque qui, pour ne pas verser le sang chrétien, se servait d'une massue.

Qu'ils daignent réfléchir sur cet exemple, ces beaux-esprits en législation, qui croiraient déroger aux droits du génie en s'abaissant scrupuleusement au soin des mots! Tels mots, telle loi. Fait-on des lois autrement qu'avec des mots? Vie, liberté, propriété, honneur, tout ce que nous avons de plus précieux dépend du choix des mots.

La clarté dans le style dépend donc de la logique et de la grammaire : deux sciences qu'il faut posséder à fond pour faire une bonne rédaction de lois.

Quand à la brièveté, il faut distinguer. Le corps de lois, fût-il réduit par une bonne méthode à la moindre dimension possible, fera toujours un ensemble trop considérable pour se fixer en entier dans la mémoire des citoyens. Il faudra donc diviser le code général en codes particuliers, pour l'usage des différentes classes qui ont besoin de connaître une partie des lois plus spécialement que toutes les autres.

La brièveté dans le style dont il s'agit ici ne concerne que le texte des lois, la composition des phrases et des paragraphes.

Les longueurs sont particulièrement vicieuses, lorsqu'elles se trouvent dans l'endroit même où le législateur devrait exprimer sa volonté.

Les défauts les plus contraires à la brièveté dans un paragraphe, sont : 1°. les phrases incidentes, les parenthèses qui auraient dû faire des articles distincts; 2°. la tautologie, par exemple, lorsqu'on faisait dire au roi de France : « Voulons, ordonnons et nous » plaît; » 3°. la répétition des mots spéci-

fiques, au lieu du mot générique ; 4°. la répétition de la définition, au lieu du terme
propre qu'il fallait définir une fois pour
toutes ; 5°. le développement des phrases, au
lieu de se servir des ellipses usuelles : par
exemple, lorsqu'on fait mention des deux
sexes, là où le masculin les aurait marqués
tous les deux, ou lorsqu'on met le singulier
et le pluriel dans les cas où l'un des deux
nombres aurait suffi ; 6°. détails inutiles : par
exemple, à l'égard du temps, lorsque pour
marquer une époque, au lieu de se borner à
l'événement dont on se sert à cet effet, on
s'appesantit sur les événemens antérieurs.

C'est par l'ensemble de tous ces défauts
que les statuts anglais acquièrent cette prolixité démesurée, et que la loi est offusquée
sous le verbiage de la rédaction.

Il est essentiel de ménager à l'esprit de
fréquens repos, non-seulement par la distinction des paragraphes ; mais encore par la
coupe des phrases dont le paragraphe est

composé. Cette circonstance importe également pour l'intelligence et pour la mémoire.

C'est encore là un défaut bien choquant
des statuts anglais. Il faut souvent parcourir
des pages pour arriver à un sens déterminé,
et le commencement de la phrase est oublié
avant qu'on soit parvenu au milieu.

Il ne suffit pas que les articles soient courts,
ils doivent être numérotés. Il faut quelque
moyen pour les séparer et les distinguer. Celui des numéros est le plus simple, le moins
sujet à méprise, le plus commode pour les ci-
tations et les renvois.

Les actes du parlement britannique sont
encore en défaut à cet égard. La division en
sections et les numéros qui les désignent dans
les éditions courantes, ne sont point authentiques. Dans le parchemin original, texte de
la loi, l'acte entier est d'une seule pièce, sans
distinction de paragraphe, sans ponctuation,
sans chiffre. Comment fait-on connaître le
commencement et la fin d'un article? Ce ne

peut être qu'en répétant ces clauses introduc-
toires : — Et de plus il est ordonné, — et de
plus il est ordonné par l'autorité ci - dessus
mentionnée, ou telle autre phrase du même
genre. C'est, pour ainsi dire, une algèbre en
sens contraire. Dans l'algèbre, une lettre tient
lieu d'une ligne de mots : ici une ligne de
mots ne remplit que très-imparfaitement la
fonction d'un chiffre. Je dis *imparfaitement*,
car ces mots servent à la division, mais ils ne
peuvent pas servir aux renvois. Veut - on
amender ou révoquer un article d'un acte?
Comme il est impossible de désigner cet article par un renvoi numérique, on est réduit
à des périphrases et des répétitions toujours
longues, et par conséquent obscures. Aussi
un acte du parlement britannique est une
composition inintelligible pour ceux qui n'ont
pas acquis, par une longue habitude, la facilité
de les consulter.

C'est l'effet d'un attachement superstitieux
aux anciennes coutumes. Les premiers actes du

parlement sont d'un temps où la ponctuation n'était pas en usage, où les chiffres arabes n'étaient pas connus. D'ailleurs, les statuts, dans leur état de simplicité et d'imperfection originale, étaient si courts et si peu nombreux, que le défaut de division n'avait pas d'inconvénient sensible. Les choses sont restées sur le même pied par négligence, par habitude ou par une opposition secrète et intéressée à toute réforme. Nous avons vécu des siècles sans connaître les points, les virgules et les chiffres. Pourquoi les adopter aujourd'hui? Argument au-dessus de toute réplique.

Quant aux perfections du second ordre, on peut les réduire à trois : *force, harmonie, noblesse.* La force et l'harmonie dépendent en partie des qualités mécaniques du langage dont on se sert, en partie de l'arrangement des mots. La noblesse dépend principalement des idées accessoires qu'on a soin d'écarter ou d'introduire.

Les lois sont susceptibles d'une sorte d'éloquence qui leur est propre, et qui a bien son utilité, ne fût-ce que pour leur concilier la faveur populaire. C'est dans cette vue que le législateur peut placer quelques sentences morales, pourvu qu'elles réunissent à une parfaite convenance le mérite de frapper l'esprit par leur brièveté. Il est aussi très-convenable que les lois portent le cachet de la tendresse paternelle, et qu'on y laisse des marques sensibles de la bienveillance qui les a dictées. Pourquoi le législateur rougirait-il d'être père? Pourquoi ne montrerait-il pas que ses sévérités mêmes sont des bienfaits? Ce genre de beauté, qui n'appartient qu'au pouvoir suprême, se voit dans les instructions de Catherine II, et dans les préambules de quelques édits de Louis XVI, sous les ministères de deux hommes qui ont honoré la France et l'humanité.

Après ces notions générales, voici les règles qui doivent diriger la pratique:

1º. Il faut, autant qu'il est possible, ne

mettre dans un corps de lois que des termes de droit familiers au peuple ;

2°. Si l'on est forcé de se servir de termes techniques, il faut avoir soin de les définir dans le corps des lois mêmes ;

3°. Les termes de la définition doivent être des mots connus et usités, où au moins la chaîne des définitions, plus ou moins longue, doit toujours finir par un chaînon où il ne se trouve que de tels mots ;

4°. Mêmes idées, mêmes paroles ; ne vous servez jamais que d'un seul et même mot pour exprimer une seule et même idée. C'est d'abord un moyen d'abréger, parce que l'explication d'un terme peut servir une fois pour toutes ; mais l'identité des mots contribue encore plus à la clarté qu'à la brièveté ; car s'ils varient, c'est toujours un problème que de savoir si on a voulu exprimer les mêmes idées ; au lieu qu'en vous servant des mêmes mots, vous ne laissez pas douter que votre intention ne soit la même. Enfin, moins vous

employez de mots différens, plus vous pour-
rez leur donner d'exactitude et de soin. Ceux
qui prodiguent les paroles connaissent bien
peu le danger des méprises ; et, en matière de
législation, le scrupule peut-il aller jusqu'à
l'excès ? Les paroles de la loi doivent se peser
comme des diamans.

La composition d'un corps de lois sera
d'autant plus savante qu'il demanderait moins
de science pour être compris. Dans les ouvrages de goût, la perfection de l'art consiste
à cacher l'art. Dans une législation qui s'a-
dresse au peuple et à la partie la moins intel-
ligente du peuple, la perfection de la science
est de ne pas se faire sentir. Une noble simplicité est son plus beau caractère.

Si dans cet ouvrage on trouve de la
science, et même une science épineuse et
abstraite, il faut considérer que j'avais à
combattre une multitude d'erreurs créées par
une fausse science ; à établir des principes si
anciens et si nouveaux, qu'aux yeux des uns

ils ne paraîtraient pas même des découvertes,
tandis qu'aux yeux des autres ils auront tout
le tort des paradoxes; à débrouiller le cahos
des nomenclatures à l'égard des droits, des
délits, des contrats, des obligations; à substituer à un jargon incohérent et confus une
langue très-imparfaite encore, mais cependant plus claire, plus vraie, plus conforme à
l'analogie. En un mot, je ne crains pas de le
dire, j'ai trouvé que dans la partie scientifique du droit on avait tout à désapprendre
et tout à refaire. Qui oserait être satisfait de
soi-même, en se comparant à une tâche si
difficile et si neuve? Je n'ai pas atteint le but,
mais je crois l'avoir montré. Je me flatte que
l'obscu..té, s'il en reste encore, ne tient qu'à
la nouveauté, tandis que dans les livres de
droit, elle tient à l'absurdité. Ils sont hérissés
d'une science aussi rebutante qu'inexacte et
inutile. Ce qu'il y a de difficile et d'abstrait
dans cet ouvrage n'a pour objet que d'aplanir
la route et de simplifier la recherche de la vé-

rité. Autant ce projet abonde en formes scien-
tifiques, autant le texte des lois en serait
épuré. Il ne faudra point d'écoles de droit
pour l'expliquer, point de professeurs pour le
commenter, point de glossaires pour l'entendre, point de casuistes pour en dénouer
les subtilités. Il parlera la langue familière à
tout le monde. Chacun pourrait le consulter
au besoin. Ce qui le distinguera des autres
livres, c'est une plus grande simplicité et une
plus grande clarté. Le père de famille, le texte
des lois à la main, pourra, sans interprète, les
enseigner lui-même à ses enfans, et donner
aux préceptes de la morale particulière la
force et la dignité de la morale publique.

SIXIÈME LETTRE.

DE LA RÉDACTION DES ACTES.

> Pour bien savoir les choses, il en
> faut savoir le détail, et comme il est
> presque infini, nos connaissances sont
> toujours superficielles et imparfaites.
> LAROCHEFOUCAULD.

S'IL est une profession qui exige des connaissances de détail, c'est certainement la profession de notaire. On peut se justement ef-
frayer quand on songe à tout ce qu'il faut savoir pour la bien exercer. Pour le notaire de
bonne foi, toute sa consolation, c'est de s'a-
vouer à lui-même son ignorance et de faire
appel à son courage afin de *continuer le cours
de ses travaux* pour diminuer le plus possible

son incapacité, communiquer ses acquisitions intellectuelles à ses semblables et surtout en faire profiter ceux qui lui accordent leur confiance.

Un des plus grands progrès à faire faire au notariat, c'est de bien persuader à ceux qui s'y livrent que le notaire doit souvent faire l'office du législateur, et que, surtout, pour appliquer une loi avec connaissance de cause, il faut qu'il soit en état de la faire lui-même comme nous l'avons dit dans une précédente lettre.

Jérémie Bentham aussi a considéré indirectement le notaire comme législateur, car

« Faire une disposition, dit-il, c'est appliquer
» à tel ou tel effet la puissance des lois; c'est
» commander les services du souverain ou des
» magistrats. Une disposition est-elle légitime,
» elle a les qualités de celles auxquelles le sou-
» verain prête son assistance. Est-elle illégi-
» time, elle est du nombre de celles auxquelles
» il la refuse. Ainsi expliquée, une *disposition*
» peut s'envisager sous deux aspects : ou comme
» servant à modifier une loi générale, ou comme

» faisant d'elle-même, sous l'autorité du sou-
» verain, une loi particulière. Sous le premier
» aspect, il faut se figurer le souverain qui, en
» établissant une loi générale, laisse en blanc
» quelques mots que doit suppléer le particu-
» lier auquel il accorde le droit de le faire.
» Sous le second aspect, le particulier fait une
» loi et la fait sanctionner par la force publi-
» que. Le prince devient à la lettre le serviteur
» du plus humble de ses sujets. Faire un contrat,
» ce n'est pas implorer les services du magistrat,
» c'est lui commander ces mêmes services. »

Par la lettre qui précède et la note qui la ter-
mine, nous avons vu les conditions de la promulgation des raisons des lois et le style à employer pour la rédaction des lois.

C'est seulement en remplissant toutes ces
conditions que l'on peut faire qu'une loi soit
bien comprise.

Tout ce qui va suivre sera pour ainsi dire le
parallèle de cette lettre et de sa note. Car il est
bien convenu que les actes étant les lois des

parties, ils doivent forcément avoir une grande analogie avec les lois.

Vouloir forcer à l'exécution d'une loi ceux à qui on la donne, si, par la faute du législateur, ils ne la comprennent pas, c'est un acte de mauvaise foi; leur cacher les raisons sur lesquelles elle se fonde, c'est les tromper ouvertement; leur refuser la communication de ces raisons, ou dire qu'on ne veut pas les déduire, c'est un acte de brutalité.

Pour qu'une loi soit bien exécutée, il ne faut point qu'elle soit imposée; il faut qu'elle soit simplement promulguée, je veux bien même reçue; mais surtout bien connue. Il y a profit pour le législateur et pour les administrés.

» Comme tout législateur peut se tromper,
» il faut joindre à chaque loi le motif qui a dé-
» cidé à la porter. Cela est nécessaire, et pour
» attacher à ces lois ceux qui y obéissent, et
» éclairer ceux qui les exécutent; enfin pour
» empêcher des changemens pernicieux et fa-
» ciliter en même temps ceux qui sont utiles.

» Mais l'exposition de ces motifs doit être sé-
» parée du texte de la loi; comme dans un livre
» de mathématiques, on peut séparer la suite
» de l'énoncé des propositions de l'ouvrage
» même qui en contient les démonstrations.
» Une loi n'est autre chose que cette proposi-
» tion : il est juste ou raisonnable que............
(*Suit le texte de la loi*) (1).

Les actes étant les lois des parties *doivent*
donc nécessairement *être la libre expression
de leur volonté ;* c'est une condition de leur
validité (Art. 1108 et suivans du Code civil);
et, de plus, *l'expression claire et non équivoque de cette même volonté*, puisque dans
le doute la convention s'interprète contre celui qui a stipulé, et en faveur de celui qui a
contracté l'obligation. (Art. 1162, Code civil.)
Autrement, il y aurait tyrannie ou subtilité.

Ainsi, il y a donc *avantage pour les parties*

---

(1) Condorcet, Observations sur le 29e. livre de l'*Esprit
des Lois.*

9

et facilité pour le rédacteur, lorsque la chose se passe de cette façon.

I. La condition première pour l'exécution d'une convention, c'est d'être bien comprise par ceux qui la souscrivent.

Il est pour cela un moyen bien simple à employer. C'est de faire usage pour sa rédaction d'une langue usuelle, d'une langue que tout le monde comprenne.

Mais toute science a son dictionnaire particulier, c'est-à-dire ses abstractions qui ne peuvent être entendues que quand on sait ce qui leur a donné naissance. Ainsi, pour bien comprendre les textes des lois, qui ne sont que des résumés ou abstractions, il faut d'abord avoir vu les fondemens ou motifs de ces lois : nous ayons expliqué cela dans la lettre précédente.

Vu la grande analogie entre les lois et les actes, pour bien comprendre un acte, il faut donc en savoir les motifs. Ces motifs, ce sont les contractans eux-mêmes qui les donnent;

mais lorsque la loi est en opposition avec la volonté des contractans, elle y mêle les siens, et alors il y a confusion et inintelligibilité, même pour les contractans. Et dans tous les cas il y a inintelligibilité pour ceux qui sont étrangers à l'acte, puisqu'ils ne peuvent pas savoir ce sur quoi on s'est fondé pour lui donner naissance. Voilà donc deux raisons qui nécessitent la promulgation des motifs d'un acte, puisque d'abord il faut expliquer les motifs de la loi pour la part qu'elle y prend; et, d'un autre côté, les raisons dont se servent les parties contractantes pour l'établir. Je trouve encore qu'il est nécessaire pour les parties elles-mêmes de promulguer ces raisons; car après un certain laps de temps, elles pourraient bien en avoir oublié quelques-unes, et s'il y avait ambiguité de rédaction, plaider contre leur propre volonté : tandis que ces raisons explicatives du texte, étant rendues permanentes, on aurait toujours le moyen de les retrouver. Cette nécessité se fait sentir dans toute son étendue, lorsque l'un des contractans n'existe plus, ou que l'acte doit être exécuté par des personnes qui n'ont pris aucune part à sa création.

Si le moyen de rendre facile l'exécution d'un acte, c'est d'en donner l'intelligence à ceux qui le souscrivent, le moyen d'arriver à ce dernier but, c'est de leur en expliquer toutes les raisons et de les rendre permanentes.

Pour arriver aux abstractions, il faut passer par les motifs. Voyons comment nous nous y prendrons.

Ce sera de diviser l'acte en deux parties :

Exposition préliminaire des raisons sur lesquelles il est fondé, et séparée du texte.

Rédaction à la suite, en forme de résumé, et souvent par articles, du fond de la convention.

C'est, du reste, ce qui déjà se pratique dans quelques cas, tels que pour les liquidations, actes de société, etc.

Dans les liquidations, l'exposé préliminaire représente bien réellement les motifs de la li-

quidation, et les articles en sont le texte, lequel
est plus ou moins clair, suivant que l'exposé est
plus ou moins complet. Les personnes qui
composent la masse active, en faisant le dépouillement de l'inventaire, nuisent beaucoup à la
clarté et à la brièveté des articles. Elles sont souvent obligées de se livrer à des discussions ou
explications très-longues pendant le cours de
ce dépouillement; c'est ce qu'il ne faut pas.
Car il en est pour les textes des actes comme
pour le texte des lois : or, d'après Condorcet,
il ne suffit pas qu'elles soient claires, il faut
qu'elles ne contiennent que des mots d'un sens
précis et déterminé. Toutes les fois, dit-il,
qu'une loi en emploiera d'autres, ces mots seront définis avec une exactitude scrupuleuse.
Elles doivent être rédigées suivant un ordre
systématique, de manière à ce qu'il soit facile
d'en saisir l'ensemble et d'en suivre les détails;
c'est le seul moyen de juger s'il ne s'y est pas
glissé de contradictions ou d'omissions, si les
questions qui se présentent dans la suite ont

été prévues ou non. Mais toujours l'exposition des motifs doit être séparée du texte de la loi, dans lequel les discussions ne sont point permises.

Il serait bien à désirer que cette méthode fût employée ou pût l'être dans tous les cas par les notaires.

Au surplus, il est certain que si elle n'est pas toujours praticable afin d'éviter des longueurs même nécessaires, elle est indispensable pour celui qui rédige l'acte, ainsi que nous le verrons bientôt.

Il est donc également certain que si tous ceux qui souscrivent des actes comprenaient bien toute l'étendue et la signification des termes employés pour leur rédaction, ils n'auraient pas besoin d'explications ultérieures; ce qui arrive toujours; et il est encore tout aussi clair que si en tête de l'acte souscrit, tous les motifs de son existence étaient énoncés, les explications ultérieures seraient inutiles. Qui fait les procès? les explications diverses...... S'il n'y avait pas lieu à interprétation, il n'y aurait pas matière à procès.

Voilà pour le profit des parties.

Encore un mot. Il est vraiment surprenant que des personnes fassent journellement des stipulations de la plus haute importance dans des actes qu'elles signent sans les comprendre, en avouant, avec une espèce de satisfaction vaniteuse, qu'elles ont signé aveuglément. Qu'arrive-t-il de là? C'est que le notaire est presque toujours exposé aux reproches. Car nul ne peut penser pour autrui. Et s'il est possible qu'à force de questions et d'explications, le notaire, aidé des analogies, puisse, dans beaucoup de cas, saisir et rendre comme elles l'eussent fait elles-mêmes, les intentions des parties contractantes, il y a aussi des circonstances où cela est impossible. Et alors la convention, au lieu d'être l'ouvrage des parties ou du notaire, n'est l'expression d'aucune volonté; elle est abandonnée toute au hasard.

Tout homme est sujet à l'erreur. Si un ma-

lade se présente chez son pharmacien , muni
d'une ordonnance de médecin , pour obtenir
une certaine quantité de médicamens, et que le
pharmacien qui doit les livrer se trompe d'espèce ou de poids; confiant dans la prescription,
le malade avale, pour se guérir, une médecine
qui le tue. Si de même on vit sur la confiance
que sa volonté est bien exactement reproduite
dans l'acte que l'on a signé chez son notaire, et
que , par suite d'une fausse explication ou d'une
inadvertance, on ait écrit tout le contraire; ou
plus ou moins qu'il ne fallait écrire , on vit sur
la foi d'une fausse sécurité, et vient un moment
où l'on plaide et se ruine. Et cela pour n'avoir
pas été à même de se rendre compte de l'acte
signé avec une *confiance forcée*.

II. Le moyen d'obvier à ces inconvéniens,
c'est de savoir le détail des choses; mais ce
n'est pas toujours facile pour des contractans;
c'est même souvent impossible. C'est pourquoi
il faudrait leur donner ces détails. Au surplus,

qu'on explique ou non toutes les circonstances et toutes les conséquences d'une stipulation, il est certain que voici toujours l'opération que doit faire pour lui-même, qu'il l'écrive ou non, le notaire-rédacteur d'un acte.

D'abord, exposer mentalement ou matériellement, toutes les raisons de la loi et des parties contractantes, qui donnent naissance à la convention.

Et, ensuite, rédiger très-clairement et le plus succinctement possible, le résumé de toutes ces raisons ou texte de la convention.

On peut être fort long dans l'exposé des raisons, mais il faut être court dans la rédaction des textes (1), et surtout ne point laisser à deviner. La maxime, l'esprit vivifie et la lettre tue, a trompé bien du monde. Heureusement

_____

(1) Plus les articles sont longs, plus il est difficile d'en saisir l'ensemble et d'en voir distinctement les parties. Les plus longs paragraphes dans le *Code Napoléon* n'excèdent pas cent mots, et il y en a très-peu de ce cette longueur.

(*Tactique des assemblées politiques délibérantes.*)

on est revenu sur son compte. Et voici comme
Bentham en a fait justice :

« Il y a une espèce de maxime proverbiale
en France, qu'il faut regarder à l'esprit sans
s'appesantir sur la lettre, sans chicaner sur les
mots, comme si le sens ne dépendait pas des
expressions, comme si la justesse dans les idées
ne produisait pas la justesse dans les termes.
Ce prétexte est la ressource des têtes faibles et
inappliquées qui veulent passer pour fortes,
car il n'est aucun défaut qui n'ait réussi à se
faire un masque ». (*Tactique des assemblées
législatives* , chap. 20). Il ajoute, dans son
Traité de Législation , t. 1er., chap. 13 :

» Le langage de l'erreur est toujours obscur,
chancelant et variable. Une grande abondance
de mots sert à couvrir la disette et la fausseté
des idées. Plus on varie dans les termes, plus
il est aisé de donner le change aux lecteurs... ».

Il y a donc à éviter la prolixité et la trop
grande brièveté.

J'aborde un reproche qu'on a fait quelque-

fois aux actes notariés, celui d'être trop longs.
Je leur ferais volontiers, et surtout dans bien
des cas, le reproche d'être trop courts.

Mais cela tient à une confusion d'idées de la
part de ceux qui critiquent, ou de la part de
ceux qui ont rédigé. Car si la partie explicative
est bien distincte de la partie textuelle, on
prendra de la première tout ce dont on aura
besoin, laissant le surplus de côté. Il arrivera
même que souvent on n'y aura pas recours du
tout; le simple texte devra suffire. Mais toujours est-il qu'il faut que la première partie soit
là, pour servir de mentor à l'esprit qui voudrait s'égarer dans de fausses routes, trompé
par une mauvaise interprétation du texte.

Ajoutez que si tout est bien classé, on pourra
consulter à volonté la seule partie nécessaire
pour expliquer le doute.

Mais j'ai parlé de classement. Il y a donc une
méthode pour la rédaction des actes? Oui, sans
doute, et une méthode à l'aide de laquelle on
obtient sécurité et facilité. — Expliquons-nous.

Un homme dans une position quelconque, ne peut jamais parler que de trois choses : de ce qu'il a vu ou senti; de ce qu'il voit ou éprouve maintenant; et de ce qu'il pense ou annonce qui arrivera par la suite.

D'après cela, je dis que *tout acte est l'analyse de* FAITS *passés, présens* ou *futurs ;* que pour être sûr de n'en omettre aucun, c'est de les suivre dans leur ordre de chronologie. Tout-à-l'heure j'indiquerai le moyen de se faire des cadres ou formules abréviatives, qui permet-mettent de réunir dans un petit espace, et facile à consulter par parties isolées, tout ce qui doit entrer dans un acte, quelque long qu'il soit.

Pour le moment, donnons, par *simple indication*, un exemple de la division d'un acte en deux parties : motifs et texte.

Soit un contrat de mariage sous le régime de la communauté.

J'en trace l'article premier.

1º. *Exposé général à faire mentalement ou par écrit, et pour le rédacteur et pour les parties, chacun retranchera ou ajoutera suivant qu'il le trouvera bon.*

Aux termes du Code civil, tout acte qui règle les conventions matrimoniales doit être passé devant notaires, et avant le mariage. (Art. 1394.)

Les notaires sont des fonctionnaires publics établis pour recevoir tous les actes et contrats auxquels les parties doivent ou veulent faire donner le caractère d'authenticité attaché aux actes de l'autorité publique, etc. (Art. 1er. de la loi du 25 ventôse an xi).

Ils ne peuvent recevoir des actes dans lesquels leurs parens ou alliés en ligne directe à tous les degrés, et en collatérale jusqu'au degré d'oncle ou de neveu inclusivement, seraient parties ou qui contiendraient quelques dispositions en leur faveur. (Art. 8.)

Ils ne peuvent instrumenter (dans le cas actuel) sans l'assistance d'un second notaire ou de deux témoins. (Art. 9.)

Dans leurs conventions matrimoniales, les parties peuvent faire toutes les stipulations qui ne sont pas contraires aux lois ni aux bonnes mœurs, etc. (Art. 1387 et suivans du Code civil.)

Les époux ne peuvent plus stipuler d'une manière générale que leur association sera réglée par l'une des coutumes, lois ou statuts locaux qui régissaient ci-devant les diverses parties du territoire français, et qui sont abrogés par le Code civil. (Art. 1390.)

C'est la communauté légale qui est le droit commun de la France. (Art. 1393.)

Il faut adopter, soit la communauté, soit le régime dotal, ou se marier en non-communauté ou séparés de biens. (Art. 1391, 1529 et 1540.)

On peut modifier la communauté légale par toute espèce de conventions non contraires

aux dispositions fondamentales de ce régime.
(Art. 1497.)

Enfin, lorsque l'on n'est pas majeur, il faut
être assisté au contrat des personnes dont le
consentement est nécessaire pour la validité
du mariage. (Art. 1398.)

2°. *Texte.*

ARTICLE PREMIER.

« Pour régler les effets civils de leur mariage,
» les futurs époux adoptent le régime de la
» communauté, tel qu'il est établi par le Code
» civil des Français, sauf les modifications qui
» résulteront de plusieurs des articles ci-après. »

Pour le moyen de se faire des cadres,
voyez les Tableaux synoptiques joints à la
fin du volume, avec des formules textuelles.
On ne peut assez en recommander l'usage. En
toute chose ils sont d'une grande importance :
« Ils donnent (dit Condorcet, *Progrès de*
» *l'Esprit humain*), l'art de réunir un grand
» nombre d'objets sous une disposition sys-

» tématique qui permet d'en voir d'un coup-
» d'œil les rapports, d'en saisir rapidement
» les combinaisons, d'en former plus facile-
» ment de nouvelles. De ces tables, de ces ta-
» bleaux de toute espèce, les uns offrent aux
» yeux des résultats que l'esprit n'aurait
» saisis qu'avec un travail pénible, les autres
» montrent à volonté le fait, l'observation,
» le nombre, la formule, l'objet qu'on a be-
» soin de connaître, tandis que d'autres enfin
» présentent, sous une forme commode, dans
» un ordre méthodique, les matériaux dont
» le génie doit tirer des vérités nouvelles..... »

Ces tableaux font facilement justice de
toute production qui renferme plus de mots
que d'idées. Ils permettent surtout de suivre
l'ordre logique de tout raisonnement.

J'ai souvent rencontré dans des actes notariés des phrases construites dans le genre de
celle-ci : *M. A. tient quitte et renonce à rien*
demander à M. B., pour cause de la somme
payée; ou bien, en parlant d'un acte non en-

registré : *Il sera soumis à cette formalité avant ou en même temps que ces présentes.*

Une singulière remarque, c'est que beaucoup d'actes *commencent* par des phrases qui ne sont pas françaises ; ainsi, au début l'on voit : *Le* (tel jour), *en l'étude et par devant M*ᵉ. *** ; ou bien : *Pardevant et en l'étude de M*ᵉ. ***.

Si ceux qui les rédigent faisaient dans leur cerveau l'*indispensable opération de la mise en tableau* de ce qu'ils écrivent, ils verraient facilement que leurs idées ne sont point nettement conçues, ni rendues dans un bon ordre. Voici un exemple de la mise en tableau :

$$\text{M. A.} \left\{ \begin{array}{c} \text{tient quitte} \\ \text{et} \\ \text{renonce à rien demander} \end{array} \right\} \text{à M. B., etc.}$$

$$\text{Soumis à l'enregᵗ.} \left\{ \begin{array}{c} \text{avant} \\ \text{ou} \\ \text{en même temps} \end{array} \right\} \text{que ces présentes.}$$

$$\text{Le...} \left\{ \begin{array}{c} \text{En l'étude} \\ \text{et} \\ \text{pardevant} \end{array} \right\} \text{Mᵉ. ***.}$$

Il est aisé de s'apercevoir que ces phrases ne valent rien. Mais, rédigées, tous les mots se suivant, cela est moins facile à reconnaître. *La cause de cette sorte de faute,* dit M. Lemare, *qui est très-fréquente dans les auteurs de seconde et troisième classe, c'est qu'on ne songe qu'au dernier mot régissant ou complété, et qu'on croit faire le rapport du complément à un des mots qui ont même régime, tandis qu'en effet ils en ont plusieurs.*

Mais les tableaux synoptiques, montrant ainsi la place et la valeur de chaque mot, feraient enfin disparaître la rédaction de routine, la plus grande plaie du notariat, dont elle fait aussi la honte. Car, je le demande, est-il critique plus sanglante que ce qui se dit tous les jours au palais : *Quant à telle clause, elle n'est que de style chez les notaires, il n'y faut pas avoir égard* (1). N'est-ce pas

_____

(1) On peut voir la *Gazette des Tribunaux* de 1832, rapportant, entre autres, un arrêt de la Cour royale de Paris dans une question d'exigibilité de capital, faute de paiement des intérêts à leur échéance.

dire, bien mal à propos sans doute, que
les notaires écrivent pour écrire, et sans comprendre ce qu'ils disent? De quelle utilité sera
donc une stipulation si elle ne signifie rien?
Elle ne peut plus être la loi des parties, si le
magistrat prononce contrairement à ce qu'elle
renferme de clair et explicite! A quoi bon
écrire des clauses qui ne doivent avoir aucune force? C'est bien là dire que, dans certains cas, l'on considère les notaires comme de
véritables *machines écrivantes*....

Mais dans l'autre système cela ne se rencon-
trerait pas. Comme on serait forcé de penser par
soi-même, et de se rendre compte de ce que l'on
écrirait, il ne serait plus possible de parler à
vide ; alors le notariat aurait reçu son éman-
cipation intellectuelle, il sortirait des langes
dans lesquels ceux qui le critiquent trop sé-
vèrement, prétendent qu'il se débat, et où,
disent-ils, sans *vos efforts*, mes jeunes amis,
il pourra bien étouffer un jour. En effet,
puisque tout est en progrès dans les sciences et

dans les arts, le notariat, déjà placé dans une sphère si élevée, et méritant *par lui-même* la plus haute considération, doit aussi prendre l'essor vers la plus grande perfection possible.

Je finirai par une remarque importante.

Les actes qui se rédigent sous les yeux des parties ressemblent beaucoup à un discours improvisé. Car, autant que possible, il n'y faut plus rien changer une fois qu'ils sont écrits ; et, en les rédigeant, on n'a pas le temps de les méditer, il faut les écrire à course de plume. De plus, il y a improvisation véritable lorsqu'au lieu d'écrire soi-même, on dicte les actes que l'on rédige. Il serait donc à désirer que l'improvisation fût familière aux notaires pour la rédaction de leurs actes. J'ai long-temps cherché un traité sur cette matière, et je n'en ai trouvé nulle part. Pourtant, comme j'en sentais toute l'importance et toute la nécessité, j'ai moi-même *noté* mes réflexions sur ce sujet. Mon travail, quoique simple ébauche,

m'a été fort utile. Et comme il m'a rendu service, ne dût-il profiter qu'à un seul de vous,
il appartient à tous. Je me fais donc un devoir de le consigner ici.

FRAGMENT SUR L'IMPROVISATION.

L'homme qui fait usage d'un langage quelconque a pour but d'émettre ses idées ou sentimens ; de dire ce qu'il sait ou éprouve.

Le langage parlé est le plus complet et le
plus facile à employer. On s'en sert au moyen
de sons articulés par l'organe de la voix, ou
représentés par l'écriture.

Prononcer ou écrire un discours, c'est dire
ce que l'on sait sur tel ou tel sujet. Plus on a
d'idées, et d'idées nettes sur le sujet qu'on
traite, mieux on écrit ou parle sur ce sujet.

Réfléchir la plume à la main, noter ses réflexions à mesure qu'elles se présentent, ses
jugemens à mesure qu'on les porte, c'est écrire
ce que l'on ne sait pas, mais ce que l'on se
propose d'examiner. Tous les jugemens se-

ront refaits de nouveau après que chaque idée, déposée sur le papier, pour en faciliter le rappel, aura été examinée avec plus de soin, vue sous toutes ses faces.

Prononcer ou écrire un discours auquel on ne change plus rien, s'appelle improviser.

Ainsi l'esprit humain ne fait dans l'émission de ses pensées, sentimens, impressions..., que deux opérations : il dit ou cherche la vérité. Il dit ce qu'il sait lorsqu'il improvise ; il cherche ce qu'il ne sait pas lorsqu'il écrit ses pensées pour les revoir à volonté, les soumettre à un nouvel examen, et rectifier ou refaire ses jugemens.

Il y a improvisation parlée, improvisation écrite.

La première se fait sans solution de continuité, et la seconde presque aussi lentement qu'on le veut, puisqu'elle a lieu dans le silence du cabinet, et qu'on peut attendre le mot propre, ou que le cerveau ait pris la direction nécessaire pour coordonner ce qui suit avec ce qui précède. Cela n'a pas lieu dans l'improvisation parlée, où nul intervalle sensible ne doit exister entre l'émission de deux pensées. C'est pourquoi ceux qui ont peu d'idées, ou bien dont les idées sont mal digérées, ou bien encore dont le cerveau n'a pas assez d'activité, sont obligés de lier leurs pensées au moyen de mots insignifians que vulgairement on nomme chevilles.

Mais que se passe-t-il dans le cerveau pour opérer chacune de ces deux improvisations ?

1. IMPROVISATION PARLÉE.

Tout discours, quelle que soit son étendue, n'est qu'une pensée, un jugement expliqué, délayé. Avant de pouvoir énoncer en deux mots cette vérité : *Le luxe est la source de tous les maux qui désolent l'humanité ;* ou celle-ci : *Toutes nos erreurs viennent de l'imperfection de nos souvenirs,* il a fallu faire bien des observations, bien des ré-

flexions, combiner et grouper bien des idées.
Que de paroles ne faudrait-il pas dire, quel
discours étendu ne faudrait-il pas faire pour
prouver en détail ces deux axiomes !

Ainsi l'homme qui a une fois porté ce jugement après s'être rendu compte de tous les
motifs qui l'ont déterminé, pourra toujours,
en faisant un appel à sa mémoire, reproduire
toutes ses raisons, improviser un long discours pour développer sa pensée et prouver
son assertion (1). Dans cette improvisation il
ne pourra faire autre chose que dire de nouveau ce qu'il a dès long-temps dit ou pensé:
aucune réflexion nouvelle ne pourra être admise pour motiver un nouveau jugement, ou
du moins elle sera hasardée ; en l'instituant à

_____

(1) Sans doute que le discours sera plus ou moins bon,
suivant que l'on aura l'esprit libre ou préoccupé. Je ne
veux pas dire qu'à tout moment on soit prêt à parler. Il y
a des jours où notre esprit n'est pour ainsi dire pas à notre
disposition. Je veux dire que successivement l'homme placé
dans les mêmes circonstances pourra refaire la même chose.

la hâte, on ne sera pas sûr qu'elle soit à sa place.

L'homme qui improvise oralement fait donc un appel à sa mémoire. Il en tire tout ce qu'il lui avait donné en dépôt, tout ce qu'il avait rendu permanent dans ses vastes champs.

Rien de ce qui est confié à la mémoire ne demeure isolé. Toute idée en touche une autre, la réveille (1). On ne peut émettre une idée sans qu'une autre ne soit prête à lui succéder mécaniquement.

Ainsi, l'homme érudit et penseur, l'homme qui a long-temps médité sur un sujet quelconque, en un mot, l'homme qui sait beaucoup de choses sur ce sujet, et qui les sait bien, improvisera avec succès ce qu'il en voudra dire. Ce sera un fleuriste qui nous introduira dans son jardin et nous fera visiter ses brillans parterres. Mais il ne doit ni ne peut nous faire voir tout à

(1) Le moindre bruit autour d'un clavecin et d'un cerveau les fait résonner.

DUPATY, *Lettres sur l'Italie.*

la fois. Il doit donc procéder avec ordre dans le détail des objets qu'il nous fait voir, afin de ne pas les faire passer plusieurs fois sous nos yeux.

POUR CELA,

il faut qu'il se rappelle tout ce que nous avons vu, ou tout ce qu'il nous a dit.

IL AURA DONC

recours à sa mémoire; mais à sa mémoire re-présentative, à celle qui lui fera apparaître ce que déjà il a soumis à notre examen.

Toute improvisation gît dans l'ordre. Je suppose qu'un homme nous dise : *J'ai une belle collection de fleurs*. Pour nous prouver son assertion, il nous fera voir de quoi se compose cette collection. Pour captiver notre attention, il l'a transportera successivement d'un objet nouveau à un objet nouveau; il évitera de nous laisser voir une seconde fois le même, et pourtant de nous en laisser trop échapper. Le détail qu'il nous donnera sera

une improvisation pendant laquelle sa pensée
sera toujours tendue sur ce que nous avons vu,
sans pour ainsi dire s'occuper de ce que nous
allons voir. Tout naturellement, il nous fera
remarquer d'abord, les plantes les plus saillantes, celles que peut-être nous apercevrions
sans le secours de ses explications. Après cela,
il appellera notre attention sur des particu-
larités que l'habitude lui a rendu familières,
et qu'il regardera comme propres à exciter
notre admiration. Il passera sous silence les
objets de peu d'importance. Il ne tiendra pas
à ce que nous voyions tout, mais seulement
assez et sans fatigue, pour prouver que vraiment sa collection est belle. Il s'arrêtera lorsqu'il jugera que notre opinion doit être formée, que plus de preuves seraient superflues.

Hé bien! l'homme qui avance une proposition et qui tâche à la prouver fait de même.
Il nous dit toutes les raisons propres à nous
convaincre, et sans presque jamais en répéter aucune. Il ne s'inquiète pas de ce qu'il va

dire ; il songe seulement à ce qu'il a dit, pour
n'y pas revenir, et afin de bien enchaîner
chaque idée nouvelle qui se présente d'elle-
même, avec celle qu'il vient d'émettre. C'est
là, je crois, ce que faisait Mirabeau, suivant
l'expression de Garat (1) : « Assez souvent,
» lorsqu'il n'avait pas eu le temps de *méditer,*
» ou qu'une passion violente ne le fécondait
» pas, ses idées et ses expressions se succé-
» daient avec lenteur. Mais c'est *qu'alors*
» *qu'il n'avait point d'idées, il en ATTEN-*
» *DAIT ;* car il n'avait pas le talent de parler
» sans idées, et il ne croyait pas que des pa-
» roles fussent des expressions. »

Je regarde qu'il est impossible de voir en
même temps ce que l'on a dit, et de chercher
ce que l'on va dire ; il faut l'attendre. Car, nécessairement, dans les idées à la chasse desquelles nous allons (suivant l'expression
d'Helvétius), il s'en présente qui fixent notre

_____

(1) Professeur d'analyse de l'entendement humain.

choix. Pour faire ce choix, il faut les comparer; juger que l'une convient mieux que
l'autre : or, l'esprit qui juge ne peut faire que
cela à la fois; il peut avoir deux idées, il le
doit même pour faire la comparaison qui
donnera naissance au jugement; mais il ne
peut porter simultanément deux jugemens et
faire encore une autre opération, celle de se
rappeler ce qui vient d'être dit pour y lier ce
qui doit suivre (1).

Lorsqu'une idée se présente, il juge qu'elle
convient ou non. Si elle convient, il l'exprime;
si elle ne convient pas, il l'a rejetté et en attend
une autre; mais si l'opération se répète souvent, l'improvisation se fait avec lenteur, et si
déjà l'esprit est lourd, elle est impossible (2).

Dans la conversation on improvise cons-

---

(1) L'idée qui a servi de complément sert après cela de
sujet. (*Logique* de M. de Tracy.)

(2) Montaigne dit que ceux qui parlent vite ont de l'esprit, et que ceux qui parlent lentement ont du jugement.

tamment. Hé bien ! ce sont les personnes qui
ont le plus d'instruction et d'érudition qui
nous intéressent le plus. Elles étalent devant
nos yeux leurs immenses richesses. Je remarque que ces personnes, discourant sur
des sujets un peu sérieux, font comme l'individu qui récite quelque passage par cœur ;
elles ont les yeux fixes, ou du moins peu mobiles, et ne voient point, ou que très-imparfaitement, ce qui se passe devant elles. Souvent,
l'homme qui récite par cœur, ou mentalement,
ferme les yeux pour qu'aucune distraction ne
vienne entraver l'opération mécanique de son
cerveau. Maine-Biran dit que si, en récitant
un discours appris par cœur, on voulait
penser au sens des paroles, on se tromperait
infailliblement. Je le crois, et même j'en ai fait
l'expérience.

Pour bien improviser en parlant, puisque la
mémoire mécanique et la mémoire représentative sont mises en jeu, il faut donc concentrer son attention toute entière sur le sujet

dont on s'occupe, et surtout planer constamment sur ce qu'on a laissé en arrière, afin de
s'assurer que l'ordre règne encore dans le discours après qu'on y aura ajouté de nouvelles
phrases.

La pensée ne doit point aller en avant.....
« Lorsque l'homme exerce avec intention l'or-
» gane vocal, dit Maine-Biran, son moi
» semble se diviser en deux personnes dis-
» tinctes qui se correspondent; l'une parle,
» l'autre écoute; l'une exécute le mouvement,
» l'autre juge de l'exécution, en perçoit en
» détail les effets, en recueille les produits. »

En résumé, pour bien improviser, il faut
toujours demeurer calme au milieu même du
plus grand tumulte; il faut pouvoir embrasser
une vaste étendue d'idées, avoir une grande
force de tête, un grand fonds de connaissances acquises, ou, comme Mirabeau, une
portée d'esprit qui fasse deviner celles que
l'on n'a pas encore. Il faut pouvoir exprimer
clairement ses pensées, soulager son atten-

tion personnelle et celle de ses auditeurs par des repos assez fréquens; ne les obliger, pour ainsi dire, qu'à suivre les pensées, et non à les chercher dans des phrases entortillées ou trop longues. Les pensées exprimées en peu de mots sont celles qui se comprennent le mieux. Des phrases longues ou hérissées d'incises, annoncent un esprit lent ou peu cultivé. Autant que possible, il ne faut jamais séparer le sujet de son complément, le nominatif de son verbe. Si la phrase est longue, il faut les rejeter à la fin au moyen d'inversions (1).

_____

(1) C'est faire violence à l'analogie que de séparer deux idées dont l'une réveille essentiellement l'autre. Si je veux dire qu'un homme est fort, il faut que l'idée de force contenue dans celle d'homme, soit exprimée immédiatement après la première. Dès que je vois un homme qui a la qualité d'être fort, je vois tout à la fois *un homme fort.* Et de même que je vois d'un seul coup d'œil un homme fort, il faudrait que je pusse le dire d'un seul mot. La chose ne peut pas se passer ainsi; tant pis; mais au moins je dois montrer à côté l'une de l'autre, deux choses qui devraient être montrées ensemble, l'une dans l'autre.

Enfin, on ne doit pas oublier que l'attention est toujours le plus puissant ressort de l'intelligence humaine ; que l'homme qui peut long-temps concentrer son attention, est l'homme perfectible ; que celui qui passe constamment d'un sujet à un autre, ne peut méditer ; c'est pourquoi les conversations de salon sont souvent si futiles. Elles amusent parce qu'elles reposent l'esprit assez généralement enclin à la frivolité ; mais c'est un repos perfide, il finit par amener une paralysie de l'intelligence. Un cerveau trop mobile ne peut rien comprendre, il ne voit pas assez long-temps les objets pour les connaître ; et un cerveau inerte est encore pire, il ne veut ou ne peut pas voir. Ceux qui sont organisés de cette manière sont des bavards insipides ou des idiots. . . . .

. . . .

11

FORMULES

ET

TABLEAUX SYNOPTIQUES.

FORMULES

ET

TABLEAUX SYNOPTIQUES.

—◦◦—

Je donnerai ici quelques formules textuelles, comme exemple de l'application que l'on peut faire des tableaux synoptiques. Mais j'engage beaucoup les jeunes débutans à ne se point servir des formules textuelles et à n'avoir égard qu'aux tableaux synoptiques. Car il ne faut pas s'accoutumer à apprendre par cœur les idées ni les expressions des autres. C'est une chose pernicieuse. On favorise sa paresse. On s'habitue à travailler sans réfléchir : on fait l'application des formules apprises à tous les cas qui se présentent ; et comme jamais il ne s'en rencontre qui soient identiquement les mêmes, il en résulte que l'on commet l'impardonnable faute de vouloir plier les circonstances et les conventions à sa routine. On leur impose une rédaction de forme, plutôt que de plier sa rédaction aux circonstances et à la volonté des contractans. Je répète, et on ne peut assez le dire, que la routine est une plaie et la honte du notariat ainsi exercé.

Les tableaux synoptiques qui suivent et qui sont eux-mêmes des formules abrégées, ne doivent pas non plus être toujours suivis à la lettre. Il faut s'accoutumer, non pas à faire un acte sur ces tableaux, mais à mettre ainsi en tableau l'acte que l'on veut rédiger. Je dirai de nouveau ici, que la seule méthode de classement qui ne varie point, est celle qui a pour base la série des idées que l'on veut reproduire en suivant leur ordre de génération ou déduction logique. D'après cela, on sent bien qu'il n'est pas possible de faire un cadre invariable dans lequel on rangera toutes ces idées comme dans un casier préparé pour les recevoir. C'est,

au contraire, lorsque toutes les idées sont ras-
semblées, que l'on peut procéder à leur classement et faire la charpente de l'édifice des-
tiné à les contenir. Cependant j'avoue que je
considérerais comme d'un grand avantage un
livre qui renfermerait le tableau synoptique
de toutes les formules d'actes connus jusqu'à
ce jour. En consultant ces tableaux on aurait
la certitude de ne rien oublier de ce qui se
prévoit ordinairement, et il serait facile d'in-
tercaler les nouvelles clauses que l'on aurait
à faire entrer dans ces actes. Toutes les conditions réunies dans cet ordre systématique
pourraient être constamment embrassées d'un
seul coup d'œil. Ce n'est là un ouvrage que de
patience ; j'engage très-fortement les jeunes
gens studieux à le faire : il leur profitera
beaucoup.

M. A...

vend
- avec garantie à M. B...,
- un immeuble.
  - situé à.................
  - consistant............. tel qu'il est.......
  - appartenant au vendeur.
- pour en jouir par l'acquéreur, etc.
- aux conditions
  - de prendre l'objet vendu dans l'état où il se trouve ;
  - de souffrir les servitudes passives ;
  - de payer les contributions ;
  - d'exécuter la police d'assurance ;
  - de payer les droits de l'acte et tous frais de mutation ;
- moyennant un prix payable
  - au domicile du vendeur.........
  - en deux paiemens—avec intérêts. Pourquoi le vendeur
  - en numéraire...................

réserve privilége, au moyen duquel il
se dessaisit de tous droits de propriété,
impose à l'acquéreur l'obligation de faire remplir les formalités hypothécaires, et de son côté
s'oblige de fournir main-levée des inscriptions dont l'accomplissement de ces formalités pourrait révéler l'existence ; et , pour faciliter cet accomplissement, il
déclare son état civil. Pour justifier le tout, il
remet les titres de propriété; et, pour l'exécution de toutes ces conventions, il
fait élection de domicile , etc.

FORMULE textuelle d'un contrat de vente (1).

PARDEVANT M^e.......

A comparu:

Monsieur Joseph ADAM.................,
demeurant à...........,étant ce jour à Paris, logé
rue.........,

AGISSANT tant en son nom personnel qu'au
nom et comme mandataire de mademoiselle Ernestine ADAM, mademoiselle Herminie ADAM
et mademoiselle Léontine ADAM, ses trois sœurs
germaines, toutes majeures, vivant de leurs revenus, demeurant en la ville de Louviers; aux
termes de la procuration collective qu'elles lui
ont donnée suivant acte passé devant M^e....,

---

(1) Je conserve la manière ordinaire de s'exprimer dans
les actes notariés, quant aux temps des verbes. L'introduction
d'un mode uniforme amènerait de trop grands changemens.
Beaucoup de personnes étrangères au notariat, tiennent
elles-mêmes à ces formules anciennes; et comme le notaire doit avant tout faire la volonté de ses cliens, je n'engage point à introduire brusquement une innovation qui
pourrait choquer trop de monde : il faut laisser faire le temps.

notaire à N...., le trente et un mars mil huit
cent trente et un;

Et encore comme substitué aux termes du
même acte, par madite demoiselle Ernestine
ADAM, dans les pouvoirs à elle donnés par
M. Alfred Adam, son frère, demeurant à...,
suivant une procuration passée devant ledit
Me....., notaire à N....., le dix juillet mil
huit cent trente, et dont le brevet original est
annexé à la procuration ci - devant première
énoncée.

Le brevet original de laquelle procuration
(accompagné de celle donnée par M. Adam)
est demeuré ci-joint, après avoir été certifié
véritable et signé par le mandataire, en présence des notaires soussignés.

LEQUEL comparant, au nom et dans les qualités qu'il
agit, a, par ces présentes, vendu, a promis garantir
de tous troubles, dettes, hypothèques et empêche-
mens généralement quelconques,

A monsieur Charles-Augustin BANOS..., demeurant
à........., rue........., à ce présent et ce acceptant, acquéreur pour lui et ses ayant causes,

La Terre dite de Bellune, située à . . . .

DÉSIGNATION.

1º. Une Maison d'habitation, etc.

. . . .

. . . .

2º. Un Bois taillis, etc. . . . .

. . . .

. . . .

PROPRIÉTÉ.

SECTION PREMIÈRE.

Immeubles désignés sous le premier Article.

§. 1er.

LES VENDEURS.

Messieurs et mesdemoiselles ADAM ont recueilli les biens présentement vendus de la succession de M. *Paul-François ADAM*, leur père. . . . ., décédé en sa demeure, à PARIS, en l'année mil huit cent seize, le deux novembre.

Les vendeurs étaient seuls héritiers, chacun pour un cinquième, dudit feu sieur ADAM, leur père, ainsi qu'il est établi par l'intitulé de l'inventaire fait après

le décès de ce dernier, par M^e........., Notaire
à......., en date au commencement du vingt-cinq
novembre mil huit cent seize;

Et suivant acte passé devant M^e........., prédé-
cesseur du notaire soussigné, le dix-neuf juin mil huit
cent trente; contenant partage d'usufruit, les biens
vendus se sont trouvés affranchis de tous les droits
auxquels ils étaient soumis, en faveur de madame
Marguerite-Catherine DAVID, mère des vendeurs,
veuve dudit feu sieur Paul-François ADAM;

Au moyen de quoi lesdits biens se trouvent la propriété libre et indivise de messieurs et mesdemoiselles
ADAM.

§. 2.

ANCIENS PROPRIÉTAIRES.

M. Adam père.

Il avait acquis les biens désignés sous le premier article ci-dessus de M. *Adolphe Cousin,* vivant de son
revenu, demeurant à ......

Cette acquisition résulte d'un contrat passé devant
M^e........ et son collègue, notaires à........,
le vingt-neuf avril mil huit cent six.

Elle a eu lieu moyennant.......

Une expédition de ce contrat a été transcrite au bureau des hypothèques de........, le premier mai mil huit cent six, n°....... de recettes et....... du bulletin.

M. ADAM s'est libéré du prix de son acquisition, aux termes d'une quittance passée en minute, devant ledit Mᵉ........ et son collègue, le vingt-trois octobre mil huit cent sept.

M. COUSIN.

L'adjudication des mêmes biens a été prononcée au profit de M. COUSIN, ci-devant nommé, suivant jugement rendu en l'audience des criées du tribunal civil de........, le six messidor an treize.

Ces biens dépendaient de la succession du sieur Prosper ÉTIENNE, négociant à......., où il est décédé le huit vendémiaire an treize.

Et c'est sur les poursuites de licitation dirigées par madame Joséphine FOURNIER, sa veuve et son héritière en partie, demeurant à.........., et par MM. Gabriel ÉTIENNE,......., demeurant à......., et Gustave ÉTIENNE,......., demeurant à.....

mineur émancipé d'âge , et autorisé par sa mère, ainsi qu'il est énoncé audit jugement , que l'adjudication a été prononcée au profit de M. Cousin.

MM. Étienne, ci-dessus nommés, frères germains, ont agi comme seuls héritiers dudit feu sieur Prosper Étienne, leur père.

Enfin, cette adjudication a eu lieu moyennant.... .... de prix principal.

La grosse de ce jugement n'a point été transcrite.

Par la quittance du vingt-trois octobre mil huit cent sept, ci-devant énoncée, passée devant Me......, M. Adam a payé le prix de son acquisition aux mains des vendeurs de M. Cousin ; de sorte qu'à ce moyen ce dernier s'est trouvé libéré du prix de ladite adjudication.

Cependant on fait observer que le prix d'acquisition de M. Adam était inférieur à celui de ladite adjudication, mais qu'en touchant ledit prix de M. Adam, à l'acquit de M. Cousin, madame et M. Étienne n'ont fait aucune réserve contre M. Adam ni contre M. Cousin, pour raison de cette différence ; et qu'ils ont au contraire donné main-levée définitive de leur inscription d'office contre M. Adam.

M. ÉTIENNE.

Lesdits biens avaient été vendus à M. Étienne père, par M. Augustin Godard . . . ., demeurant à. . . . . . ., rue. . . . . . .

Cette vente résulte d'un contrat passé devant Me. . . . . . ., qui en a gardé minute, et son collègue, notaires à. . . . . . ., le douze pluviôse an neuf.

Elle a eu lieu moyennant. . . . . ; de prix principal.

M. Étienne s'est libéré de cette somme lors même dudit contrat, qui en porte quittance.

Ce contrat a été transcrit au bureau des hypothèques de. . . . ., le dix-neuf pluviôse an neuf, vol. . . . . ., art. . . . .

M. GODARD.

Il était lui-même propriétaire de ces biens au moyen de la vente qui en avait été faite à son profit par M. Toussaint Henry. . . . ., demeurant à. . . . .

Laquelle vente résulte d'un contrat passé devant

Me. . . . . . ., qui en a gardé minute, et son collègue, notaires à. . . . . . ., le premier juin mil sept
cent quatre-vingt-neuf.

Elle a eu lieu moyennant. . . . .
de prix principal, dont M. GODARD s'est libéré en as-
signats lors dudit contrat qui porte quittance; plus,
moyennant une rente viagère constituée sur la tête et
pendant la vie du vendeur, et consistant en diverses
quantités de blé, cidre, bois, etc., et. . . . .
en espèces; laquelle rente se trouve aujourd'hui
éteinte par suite du décès du crédirentier, ainsi que
M. ADAM le déclare et que le reconnaît M. Baron.

M. GODARD possédait encore une portion desdits
biens en qualité d'héritier de Alphonse GODARD, son
père, et par suite d'acte de licitation passé devant
Me. . . . . . . et son confrère, notaires à . . . .,
le dix-neuf décembre mil sept cent quatre-vingt-six,
qui n'établit aucune charge contre l , et contient libération du prix moyennant lequel il s'est rendu adjudicataire.

Et le tout établit une possession qui remonte à plus
de quarante ans.

SECTION DEUXIÈME.

Bois taillis désigné sous le second Article.

§. 1er,

LES VENDEURS,

C'est au même titre et dans les mêmes qualités que celles précédemment établies que les vendeurs sont propriétaires du bois taillis désigné sous l'article deux ci-dessus. Ils l'ont également recueilli de la succession de M. ADAM, leur père.

§. 2.

M. Adam père.

Cette pièce de bois lui avait été vendue par M. Hippolyte LUCAS et madame Émélie MOULIN, son épouse, demeurant ensemble à. . . . . . .

Cette vente a eu lieu suivant contrat passé devant Me. . . . . ., et son collègue, notaires à. . . . . ., le premier mars mil cent onze. Elle a été consentie moyennant . . . . de prix principal, dont M. ADAM s'est libéré lors dudit contrat, qui en por quittance ; lequel contrat n'a point été transcrit.

On fait observer que cette pièce de bois provenait

12

du chef de Mme. Lucas, comme ayant été recueillie par elle de la succession de M. Etienne Moulin, son père, dont elle était seule héritière.

Et que, dans le contrat présentement analysé (qui n'établit pas la propriété de cet objet), il a été dit que M. et Mme. Lucas se proposaient de remplacer spécialement les . . . . francs par eux reçus de M. Adam, en acquisition de biens fonds, au nom et au profit de Mme. Lucas, en faisant les déclarations nécessaires pour opérer ce remplacement, mais à leur volonté, sans pouvoir y être contraints par M. Adam; et, qu'en attendant ledit remplacement, cette somme de . . . . . . était affectée par hypothèque légale sur tous les biens de M. Lucas.

M. Baron exécutera et fera exécuter ce contrat aux lieu et place de M. Adam et de ses covendeurs, sans pouvoir les appeler ni mettre en cause.

ENTRÉE EN JOUISSANCE.

M. Baron aura la propriété des biens à lui vendus à compter d'aujourd'hui; et la jouissance par la perception des fermages à son profit, à partir du jour de Saint-Michel prochain.

CLAUSES ET CONDITIONS.

L'acquéreur prendra les biens vendus dans l'état où ils se trouvent actuellement, sans pouvoir rien réclamer des vendeurs pour cause de réparations, vice ou défaut de constructions, ou différence de mesure.

Il souffrira toutes les servitudes passives, apparentes ou occultes, dont lesdits biens pourraient être grevés; sauf à s'en défendre et à faire valoir à son profit toutes celles actives, s'il en existe; le tout à ses risques, périls et fortune. Ici M. ADAM déclare qu'il ne connaît aucune servitude à la charge des biens présentement vendus.

Il paiera les contributions auxquelles les biens vendus sont et seront soumis à partir du jour fixé pour l'entrée en jouissance.

Il exécutera, pour tout le temps qui en reste à courir, la location verbale faite de partie des mêmes biens en faveur du sieur BAZILE, fermier occupant (1).

Il paiera les frais, déboursés et honoraires des présentes, et tous ceux auxquels la mutation donnera ouverture.

---

(1) Lorsque les biens sont assurés contre l'incendie, on oblige l'acquéreur d'exécuter les conditions que le vendeur a souscrites à cet égard.

PRIX.

Outre les conditions ci-dessus exprimées, la présente vente est faite moyennant . . . . de prix principal.

Laquelle somme M. BARON s'oblige de payer aux vendeurs, d'ici au jour de Saint-Michel mil huit cent trente-quatre, en cinq fractions égales de . . . . . . chacune, à la volonté des vendeurs, mais à la charge par eux de prévenir l'acquéreur trois mois avant de pouvoir exiger chaque fraction.

La totalité de ce prix produira des intérêts à cinq pour cent par an, sans retenue, à compter du jour de Saint-Michel prochain, et que M. BARON s'oblige de payer en deux termes égaux, de six en six mois, sauf à décroître à mesure du paiement de chaque fraction du capital.

Tous les paiemens à faire par suite des présentes, auront lieu en l'étude, à . . . . ., dudit Me. . . . . ., et se feront en numéraire métallique d'or ou d'argent, au cours de monnaie de ce jour; l'acquéreur renonçant au bénéfice de toutes lois ou ordonnances qui pourraient intervenir pour autoriser un autre mode de libération.

Enfin il est convenu que l'acquéreur ne pourra forcer les vendeurs à recevoir tout ou partie de so prix avant ledit jour de Saint-Michel mil huit cent trente-quatre, terme fixé dans l'intérêt commun du débiteur et des créanciers.

RÉSERVE DE PRIVILÉGE.

A la sûreté et garantie du paiement en principal et intérêts du prix ci-devant fixé, et de l'exécution pleine et entière des présentes, les biens vendus demeurent affectés par privilége exclusif, expressément réservé au profit des vendeurs, ainsi que tous droits de résolution.

DESSAISISSEMENT DE PROPRIÉTÉ.

Sous la foi de la pleine et entière exécution des présentes, M. ADAM, aux noms et dans les qualités qu'il agit, se démet et dessaisit de tous droits de propriété et autres, que les vendeurs pourraient avoir sur lesdits biens : voulant que M. BARON en use et dispose comme bon lui semblera.

FORMALITÉS HYPOTHÉCAIRES.

L'acquéreur fera transcrire le présent contrat au bureau des hypothèques de . . . .

Il remplira, s'il le juge convenable, les formalités voulues par la loi pour purger les biens vendus des hypothèques qui pourraient les grever; et le tout à ses frais.

Si, à ladite transcription, pendant la quinzaine qui la suivra ou pendant l'accomplissement des autres formalités, il existe ou survient des inscriptions d'hypothèques frappant sur lesdits biens, il en sera fourni certificat de radiation à l'acquéreur dans le mois de la dénonciation qu'il en aura faite aux vendeurs, au domicile ci-après élu.

Tous frais de main-levée et radiation des inscriptions qui pourraient être révélées par l'accomplissement desdites formalités, de même que tous frais extraordinaires de transcription, et de purge sans inscriptions, seront supportés par MM. et Mlles. ADAM.

ÉTAT CIVIL DES VENDEURS.

M. ADAM, comparant, déclare que lui et ses frères et sœurs sont célibataires, qu'ils ne sont pas et n'ont jamais été tuteurs de mineurs ni d'interdits.

SUR LA REMISE DES TITRES.

Tous les titres de propriété seront remis à l'acquéreur lors du paiement de la première fraction de son prix.

ÉLECTION DE DOMICILES.

Pour l'exécution des présentes et suites, M. Adam, pour lui et ses mandans, fait élection de domicile en l'étude à . . . . . de Me. . . . . . ,; notaire soussigné, sise rue . . . . ; et M. Baron en sa demeure sus indiquée.

Dont acte.

Fait et passé, etc.

———

TABLEAU ou *FORMULE SYNOPTIQUE d'une Obligation pour prêt d'argent.*

M. et Mme. A... empruntent { de M. B.... une somme {

qui sera rendue {
- solidairement par les emprunteurs
- à une époque déterminée,
- au domicile du créancier, et
- en espèces monnayées.

qui produira des intérêts payables... {
- au domicile du créancier,
- sans aucune retenue (cela est de droit),
- en numéraire métallique, et
- en quatre termes égaux,
- à partir du jour de l'acte.

qui sera garantie {

par hypothèque sur immeubles {
- appartenant à M. B...,
- libres { de priviléges. d'hypothèques { conventionnelles, judiciaires, et
- grevés seulement de l'hypothèque légale de la femme.

par le transport {
- des reprises de la femme avec subrogation dans ses droits, etc.,
- et
- de l'indemnité en cas d'incendie.

L'acte sera exécuté au domicile élu.

FORMULE textuelle d'un acte de prêt en argent.

PARDEVANT, etc.

Ont comparu :

M. A . . . . . et Mme. . . . . . , son épouse , de lui dûment autorisée , demeurant ensemble à. . . .

Lesquels reconnaissent devoir légitimement

A M. B. . . . . ., demeurant à. . . . . ., à ce présent ,

La somme de. . . . . ., pour prêt de pareille somme fait par M. B. . . . . , en espèces métalliques d'argent au cours de monnaie de ce jour , comptées et délivrées en présence des notaires soussignés , à M. et Mme. A . . . . ., pour l'employer à leurs besoins et affaires.

Laquelle somme M. et Mme. A . . . . . s'obligent , conjointement et solidairement , *sous toute renonciation au bénéfice de division* (1), de rendre à M. B. . . le. . . . . .

_____

(1) Ces conditions sont de droit ; mais il n'est pas superflu de les insérer , car elles expliquent les conditions principales. On met souvent dans les actes des choses qui ne sont pas nécessaires pour leur validité ; mais qui servent à rendre compte aux contractans des stipulations qu'ils ont faites.

Et, jusqu'à son remboursement intégral, la somme prêtée produira, au profit de M. B. . . . . . ., des intérêts sur le pied de cinq pour cent par an, *sans retenue*, à compter d'aujourd'hui; lesquels intérêts seront payés par M. et Mme. A. . . . ., qui s'y obligent sous leur solidarité ci-dessus stipulée, en quatre termes égaux, les. . . . .

Le remboursement de ladite somme de. . . . . et le paiement des intérêts qu'elle produira seront effectués à. . . . . ., en la demeure de M. B. . . . . ; ils ne pourront pas être faits autrement qu'en espèces métalliques d'argent au cours de monnaie de ce jour: M. et Mme. A. . . . . renonçant, dès à présent, au bénéfice de toutes lois ou ordonnances qui pourraient intervenir pour autoriser un autre mode de libération.

(1)

_____

(1) Il est bon de dire ici que l'on ne pourra pas anticiper le terme du remboursement sans le consentement du créancier ou sans l'avertir six mois d'avance; autrement, le débiteur pouvant toujours se libérer à volonté, il pourrait bien arriver que le créancier, forcé de recevoir son remboursement sans avoir été averti, n'eût pas de nouvel emploi de ses fonds, et fût exposé à une perte d'intérêt assez considérable.

Il est du reste une foule de conditions qui dépendent des parties, et qui ne peuvent ni ne doivent être prévues dans un cadre général.

A la garantie de ladite somme de. . . . ., en capital et intérêts , M. et Mme. A. . . . . , affectent et
hypothèquent spécialement. . . . . .

(*Pour l'établissement de la propriété des biens hy-
pothéqués, voir la Formule du contrat de vente.*)

. M. et Mme. A. . . . . . déclarent :

Qu'ils sont mariés en premières noces sous le régime de la communauté, suivant que le constate leur
contrat de mariage, passé devant Me. . . . . , notaire
à. . . . ., le. . . . .

Que M. A. . . . . n'est point et n'a jamais été tuteur de mineurs ni d'interdits ;

Que les biens ci-dessus affectés sont libres de tous
priviléges et hypothèques conventionnelles et judiciaires ;

Qu'ils ne sont grevés d'hypothèque légale que
pour raison des droits de ladite dame A.. . . . ., lesquels
sont sans objet à l'égard du prêteur, au moyen de la
solidarité ci-devant stipulée et du transport qui va
avoir lieu à la fin du présent ;

Et que les bâtimens édifiés sur les biens ci-dessus
désignés sont assurés contre l'incendie par la compagnie. . . . ., établie à. . . . ., suivant que le cons-

tate la police de cette assurance en date du. . . . .,
portant le n°. . . . .

Pour plus de sûreté de la somme prêtée en capital
et intérêts, Mme. A. . . . . cède et transporte, avec
toute préférence et priorité à elle-même, à M. B. . . .,
qui l'accepte, jusqu'à due concurrence, tous les droits,
reprises, créances et avantages matrimoniaux qu'elle
a à exercer en vertu de la loi et de son contrat de
mariage ci-devant énoncé. Par suite de ce transport,
elle subroge, aussi avec toute préférence et priorité à
elle-même, et jusqu'à due concurrence, M. B. . . . .
dans tous ses droits et actions, et notamment dans
l'effet de son hypothèque légale contre M. A. . . . .,
son mari, comme aussi dans l'effet de toutes inscriptions prises ou à prendre pour la conservation de
cette hypothèque.

Et encore, pour plus de sûreté de la somme prêtée
en capital et intérêts, M. et Mme. A. . . . . cèdent et
transportent, par préférence à eux-mêmes, et jusqu'à
due concurrence, à M. B..., le montant de l'indemnité qui
leur serait allouée par ladite compagnie d'assurance en
cas d'incendie des bâtimens ci-dessus désignés, avant
le remboursement de ladite somme de. . . . ., et le
paiement de tous intérêts de cette somme;

Pour toucher le montant de ce transport, le cas échéant, sans être obligé d'y appeler les cédans, pourquoi ces derniers mettent et subrogent M. A. . . . . dans tous leurs droits et actions contre ladite compagnie d'assurance.

Pour faire mentionner et signifier ces présentes où et à qui il appartiendra, les pouvoirs nécessaires sont donnés au porteur d'une expédition ou d'un extrait.

Pour l'exécution du présent acte, les parties font élection de domicile chacune en sa demeure susindiquée.

DONT ACTE.

Fait et passé, etc.

TABLEAU ou FORMULE SYNOPTIQUE d'un Contrat de mariage sous le régime de la communauté.

Société entre époux (*).	Composition....	Adoption d'un régime. Exclusion des dettes. Énonciation de la fortune { présente / future } des époux. Réduction de la communauté aux acquets.
	Administration.	Inventaires. Aliénations et acquisitions donnant lieu à des indemnités............ { par les époux envers la communauté, / par la communauté envers les époux. }
	Dissolution.....	Préciput avant partage. Reprise des propres (et faculté de renoncer). Donations (et avantages).

(*) Comme contrat civil tendant à régler les intérêts pécuniaires des familles, le contrat de mariage peut être considéré comme un acte d'association. Dans celui qui nous occupe, on remarque *la formation*, *l'administration* et *la dissolution* de la communauté. C'est ce qui se rencontre également dans une société ordinaire.

Ce tableau, comparé avec celui qui concerne le contrat de mariage sous le régime dotal, montre la grande analogie et les différences qui se rencontrent entre ces deux régimes.

Dans ces tableaux ne figurent point les clauses extraordinaires. Il serait inutile et même impossible de prévoir toutes ces conditions. D'ailleurs, voyez l'avertissement qui précède les Formules et Tableaux (pag. 165), et les formules textuelles.

FORMULE textuelle d'un contrat de mariage, sous le régime de la communauté.

PARDEVANT, etc.

Ont comparu :

M. . . . . , *d'une part ;*

Et Mlle. . . . ., *d'autre part* (1) ;

Lesquels, dans la vue du mariage proposé et agréé entr'eux, et dont la célébration doit avoir lieu incessamment, sont, avant d'y parvenir, convenus d'en arrêter les clauses et conditions civiles de la manière suivante :

Article premier (2).

Les futurs époux adoptent, pour régler les effets civils de leur union, le régime de la communauté tel qu'il est établi par le Code civil des Français ; auquel ils entendent se soumettre, sauf les modifications qui résulteront de plusieurs des articles ci-après.

Article deux.

Ils ne seront point tenus des dettes et hypothèques

---

(1) On trouvera plus de détails pour la comparution dans la formule suivante, qui renferme aussi quelques conditions extraordinaires.

(2) *Voyez* page 143.

l'un de l'autre, antérieures à la célébration du mariage.
S'il en existe, elles seront acquittées par celui qui les
aura faites et créées, sans que l'autre, ses biens, ni
ceux de la communauté en puissent être passibles.

Article trois.

Le futur époux apporte en mariage ses habits,
linge, bijoux, etc., estimés . . . .

Et la somme de . . . . en numéraire;

Duquel apport il a justifié à la future épouse, qui le
reconnaît.

De plus, il possède les biens immeubles dont le détail suit . . . .

Article quatre.

La future épouse apporte en mariage . . . . . .;

Duquel apport elle a justifié au futur époux qui le
reconnaît et consent d'en demeurer chargé envers ladite demoiselle par le seul fait de la célébration du
mariage qui vaudra quittance de la part du futur
époux.

Article cinq.

Les biens apportés en mariage par les futurs époux
et ceux qui leur adviendront par la suite, pendant le

cours de la communauté, à quelque titre que ce soit, tant en meubles qu'immeubles, resteront propres à chacun des futurs époux du chef duquel ils proviendront, et ne feront par conséquent pas partie de la communauté qui se composera seulement des bénéfices faits pendant sa durée, compris les revenus des biens de chacun des futurs époux, et des acquisitions provenant de ces bénéfices.

Article six.

En conséquence, le futur époux sera tenu de faire faire inventaires authentiques de tous les biens qui pourront écheoir à la demoiselle future épouse pendant l'existence de la communauté, à quelque titre que ce soit.

Article sept.

Et, s'il est vendu ou aliéné quelque bien propre à l'un ou à l'autre des futurs époux, il y aura lieu à remploi ou reprise à son profit.

Article huit.

Le survivant des futurs époux aura le droit de prendre par préciput, et avant le partage des biens de la communauté, tels des meubles en dépendant

13

qu'il voudra choisir, jusqu'à concurrence de . . . . ., suivant la prisée de l'inventaire qui sera lors fait, ou cette somme, en deniers comptans s'il le préfère.

Article neuf.

En renonçant à la communauté ci-dessus établie, la future épouse aura le droit de reprendre tout ce qu'elle aura apporté en mariage, ainsi que tout ce qui pourra lui être advenu et échu pendant le cours de cette communauté, à quelque titre que ce soit, tant en meubles qu'immeubles;

Et, si c'est la future épouse qui survit et exerce en personne cette faculté, elle aura en outre droit au préciput ci-devant stipulé.

Dans tous les cas, ces reprises seront franches et quittes des dettes et hypothèques de la communauté; desquelles, quand même elle s'y serait obligée ou y aurait été condamnée, la future épouse serait garantie et indemnisée par le futur époux et sur ses biens personnels, qui seront soumis à l'hypothèque légale de ladite demoiselle.

Article dix.

Les futurs époux se font donation l'un à l'autre et

au survivant d'eux, ce qu'ils acceptent respectivement pour ledit survivant;

De l'usufruit de la moitié de tous biens mobiliers et immobiliers qui se trouveront appartenir au premier mourant au jour de son décès et composer sa succession;

Pour en jouir, par le survivant, sa vie durant, à compter dudit prédécès, sans être tenu de fournir caution, ni de faire emploi des valeur mobilières, les futurs époux s'en dispensant réciproquement; mais à la charge de faire dresser inventaire des biens du prédécédé.

Telles sont les conventions des futurs époux.

DONT ACTE.

Fait et passé, etc.

TABLEAU ou FORMULE SYNOPTIQUE d'un Contrat de mariage sous le régime dotal.

Société entre époux (*).

- Composition....
  - Adoption d'un régime.
  - Énonciation de la fortune { présente / future } des époux.
  - Constitution de dot.
- Administration.
  - Inventaires.
  - Recettes.
  - Aliénations.
  - Acquisitions { mobilières / immobilières } ou stipulation de société d'acquêts.
- Dissolution....
  - Préciput avant partage.
  - Reprise des apports (francs et quittes de dettes pour la femme).
  - Avantages ou donations (Règlement des).

(*) Comme contrat civil tendant à régler les intérêts pécuniaires des familles, le contrat de mariage peut être considéré comme un acte d'association qui se compose, s'administre et se règle comme les sociétés ordinaires.
Ce tableau, comparé avec celui qui concerne le contrat de mariage sous le régime de la communauté, montre la grande analogie et les différences qui se rencontrent entre ces deux régimes.

FORMULE textuelle d'un contrat de mariage sous le régime dotal.

PARDEVANT M^e., etc.

Ont comparu :

Monsieur Jules BENOIT, ... ,
demeurant à . . . . , rue . . . . ,

Majeur, fils de monsieur Philippe-Emmanuel BENOIT,
. . . . , demeurant à . . . . ; et de
madame Céline DIEUDONNÉ, son épouse, aujourd'hui
décédée ;

Mondit sieur BENOIT fils, stipulant pour lui et en
son nom personnel. . . . . *d'une part ;*

Monsieur BENOIT père, ci-devant nommé, qualifié
et domicilié ;

Madame Marie-Elisabeth COMTE, ... ,
demeurant à . . . . , veuve en premières noces
de monsieur Pierre-Léon HENRY, et en secondes de
monsieur Frédéric PIERRE,

Stipulant aussi en son nom personnel, à cause de
la constitution dotale qu'elle fera ci-après audit sieur
Jules BENOIT, son petit-fils. . . . . *aussi d'une part ;*

Et madame Louise - Florence LEROY, veuve en
premières noces de monsieur André ANCEL, et actuel-

lement épouse de mondit sieur Philippe-Emmanuel
BENOIT, avec lequel elle demeure à . . . . ,
et de lui dûment autorisée à l'effet des présentes ;

Madame BENOIT stipulant en son nom personnel,
à cause de la constitution dotale qu'elle fera ci-après
audit sieur BENOIT fils . . . . . , *encore d'une part ;*

Mademoiselle Elisa GRANGER, ... ,
demeurant à . . . . . . , majeure, fille de monsieur
Jean-Eléonor GRANGER, demeurant à . . . . ;
et de madame Caroline MAUDUIT, son épouse, demeurant avec lui ;

Mademoiselle GRANGER stipulant pour elle et en
son nom personnel. . . . . , *d'autre part ;*

Monsieur et madame GRANGER, ci-dessus nommés,
qualifiés et domiciliés, père et mère de la future
épouse ;

Mondit sieur GRANGER, stipulant à cause de la
donation qu'il fera ci - après à ladite demoiselle sa
fille . . . . , *aussi d'autre part ;*

Et monsieur Casimir GRANGER, ... ,
demeurant à . . . . , oncle paternel de mademoiselle GRANGER, ci-dessus nommée,

Stipulant en ces présentes à cause de la constitution dotale qu'il fera ci-après à ladite demoiselle, sa

nièce . . . ., *encore d'autre part;*

Lesquels comparans, dans la vue du mariage proposé et agréé entre monsieur BENOIT fils et mademoiselle GRANGER, sont, avant de parvenir à sa célébration, convenus d'en dresser les clauses et conditions civiles de la manière suivante :

Article premier.

Les futurs époux seront soumis au régime dotal qu'ils adoptent, tel qu'il est établi par le Code civil, sauf les modifications ci-après exprimées.

Article deux.

Le futur époux apporte en mariage :

1°. Ses habits, linge, hardes, bijoux, effets, mobiliers, bibliothèque, deniers comptans et créances actives ; le tout d'une valeur de . . . . ;
savoir : créances et deniers comptans . . . . ;
effets mobiliers et bibliothèques . . . . ;

2°. Une créance de . . . . ;

Duquel apport il a justifié à la future épouse qui le reconnaît.

De plus, il possède une rente sur l'Etat, cinq pour cent consolidés, de . . . . ;

Et les divers immeubles dont la désignation suit :

. . . .

Le tout d'un revenu annuel de . . . .

Article trois.

En considération dudit mariage, madame veuve PIERRE fait donation entre vifs, et irrévocable, au futur époux, qui l'accepte :

1°. D'une somme de . . . ., qu'elle lui a remise dès avant ce jour, en espèce de monnaie, ainsi qu'il le reconnaît, et en vue dudit mariage. . . . ., *dont quittance.*

2°. Et de celle de . . . ., par elle remise antérieurement à ce jour à son petit-fils, qui l'a employée avec d'autres deniers à lui appartenant, à l'acquisition de la rente sur l'Etat qui a figuré ci-dessus dans son apport.

Article quatre.

Egalement, en considération dudit mariage, madame BENOIT, comparante, fait aussi donation entre vifs, et irrévocable, audit sieur futur époux, qui l'accepte, d'une somme de . . . ., en numéraire, qu'elle s'oblige de lui payer le . . . . .

A partir de la célébration du mariage projeté, ladite

somme produira des intérêts sur le pied de cinq pour cent par an, sans retenue, au profit du futur époux, et que madame BENOIT s'oblige de lui payer en deux termes égaux, de six en six mois.

Tous ces paiemens auront lieu au domicile de la donatrice.

A la sûreté et garantie de la somme donnée en principal et intérêts, madame BENOIT affecte et hypothèque spécialement un ferme, sise . . . ., composée de maison d'habitation, masures et terres labourables; le tout contenant environ . . . .

Article cinq.

La future épouse apporte en mariage ses habits, linges, hardes, trousseau, bijoux, effets mobiliers et deniers comptans (1), qu'elle estime valoir la somme de . . . .

Duquel apport, provenant de ses gains et épargnes et de cadeaux de famille, elle a justifié au futur époux, qui le reconnaît et consent d'en demeurer chargé envers elle par le seul fait de la célébration du mariage qui vaudra quittance.

(1) Détailler le tout.

Article six.

En considération du mariage projeté, monsieur GRANGER donne et constitue en dot à ladite demoiselle, sa fille, qui l'accepte, et ce par avancement d'hoirie sur la succession future dudit sieur GRANGER, la somme de . . . ., en numéraire.

Laquelle somme monsieur GRANGER s'oblige ou oblige sa succession, de payer au futur époux, dans les six mois qui suivront le décès du donateur ou de la dame son épouse; terme adopté entre les parties et stipulé en faveur tant de la donataire que du donateur qui ne pourra pas se libérer plus tôt.

Jusqu'à son paiement, la somme donnée produira des intérêts sur le pied de cinq pour cent par an, sans retenue, que monsieur GRANGER s'oblige de payer à son domicile, dans l'arrondissement de . . . . . ., en deux termes égaux, de six en six mois, à partir du jour de la célébration dudit mariage.

Le paiement de ladite somme de . . . . . . et de ses intérêts, se fera en espèces métalliques, au cours actuel de monnaie;

Et à la garantie de cette somme et de ses intérêts, monsieur GRANGER affecte et hypothèque spécialement

une ferme, sise en la commune de . . . ., arrondissement de . . . ., composée de . . . .;
le tout présentant une contenance de . . . . . .

Article sept.

Pareillement en considération dudit mariage, monsieur GRANGER, oncle de la future épouse, donne et
constitue en dot à la demoiselle sa nièce, qui l'accepte, et ce par préciput et hors part, dans le cas où
elle viendrait à sa succession, une somme de . . . . .
en numéraire ;

Laquelle somme il s'oblige de payer au futur époux,
après deux ans du jour de la célébration dudit mariage, à la volonté du donateur, qui préviendra six mois
d'avance de son intention de se libérer.

Cette somme produira des intérêts sur le pied de
cinq pour cent par an, sans retenue, au profit de la future épouse, payables par monsieur GRANGER, en deux
termes égaux, de six en six mois, à partir de ladite
célébration ; ces intérêts, ainsi que le capital, seront
payés en numéraire métallique, au domicile à . . . .
du donateur.

Il est convenu que le délai de deux ans, ci-dessus

fixé, ne pourra pas être devancé par le donateur sans
le consentement du futur époux.

A la sûreté et garantie de ladite somme de . . . . . ,
en capital et intérêts, mondit sieur GRANGER affecte
et hypothèque spécialement, une ferme à lui apparte-
tenant, sise à . . . . . . , composée de . . . . . . ;
le tout contenant environ . . . .

Article huit.

Tout ce que la future épouse apporte en mariage,
ce qui lui est donné, ce qui pourra lui advenir par la
suite à quelque titre que ce soit, tant en meubles qu'immeubles, elle se le constitue en dot pour lui tenir nature de biens propres et dotaux.

Article neuf.

Néanmoins, ses biens immeubles pourront être vendus ou échangés par elle, avec l'autorisation de son
mari; mais à la charge d'un bon et valable remplacement acquis au nom et au profit de ladite demoiselle
future épouse, et accepté par elle pour lui tenir également nature de propres et biens et dotaux.

Article dix.

Lorsque la somme de. . . . . ,constituée en

dot par monsieur GRANGER père, et celle de. . . . . .,
constituée en dot par monsieur GRANGER oncle, seront payées au futur époux, il en sera fait emploi soit
en placemens hypothécaires, soit en acquisitions d'immeubles au nom et au profit de la future épouse, qui
les acceptera pour lui tenir également nature de biens
dotaux.

Article onze.

Les futurs époux conviennent, et en tant que de
besoin, de l'avis et du consentement de leurs parens
susnommés, que les maisons dont il a été ci-dessus
parlé, situées. . . . .,rue. . . . .,
seront affranchies de l'hypothèque légale de la future
épouse; hypothèque qui ne reposera que sur les autres
biens présens du futur époux, et sur ses biens à
venir.

Article douze.

Sans préjudicier nullement à la donation réciproque
que les futurs époux se feront par ces présentes, ni à
celles qu'ils pourraient se faire, pendant la durée de
leur mariage, tant des objets qu'ils possèdent de leur
chef que de ceux qui leur sont présentement donnés,
chacun des donateurs ci-dessus nommés réserve à son

profit le retour et réversion des sommes par lui données, pour le cas où les donataires viendraient à dé-
céder avant les donateurs, sans enfans issus dudit
mariage.

Article treize.

L'estimation ci-dessus donnée aux effets mobiliers
apportés en mariage par la future épouse n'en trans-
mettra pas la propriété au futur époux.

Article quatorze.

Tout le mobilier qui pourra échoir à la future épouse
par la suite, à quelque titre que ce soit, sera constaté
par inventaires estimatifs, que le futur époux sera tenu
d'en faire faire.

Article quinze.

Les futurs époux établissent entre eux une société
d'acquêts. Cette société se composera de tous les bénéfices qu'ils feront ensemble, des revenus des biens de
chacun d'eux et des acquisitions provenant du tout,
qu'ils pourront faire ensemble ou séparément, en meubles et immeubles. Elle sera réglée et partagée confor-
mément aux dispositions des articles quatorze cent
quatre-vingt-dix-huit et quatorze cent quatre-vingt-
dix-neuf du Code civil.

Article seize.

Cependant il est convenu que le survivant des futurs époux aura, sa vie durant, l'usufruit de toute la
portion revenant au prémourant pour sa part dans les
bénéfices de ladite société d'acquêts. Les futurs époux
se font, en tant que de besoin, toutes donations réciproques pour obtenir ce résultat. Et ils se dispensent
mutuellement de fournir caution pour recueillir l'usufruit accordé par le présent article, et même de faire
emploi des valeurs mobilières. Mais ils conviennent
que l'importance de ladite société d'acquêts, au jour du
décès du prémourant, sera constatée par inventaire
authentique.

Article dix-sept.

Le survivant des futurs époux prélèvera à titre de
préciput et avant partage . . . .
sur les biens de la société d'acquêts, sa chambrée gar-
nie et son lit fourni, ou . . . . . . en numéraire à
son choix.

Et si c'est le futur époux qui survit, il prendra en
outre sa bibliothèque.

Article dix-huit.

En acceptant ladite société d'acquêts ou en y renonçant, la future épouse reprendra son apport en mariage, ci-dessus fixé à . . . ., les sommes qui lui sont données, et généralement tout ce qui pourra lui advenir pendant ledit mariage à quelque titre que ce soit, tant en meubles qu'immeubles.

Dans tous les cas, elle aura droit au préciput ci-devant stipulé.

Et toutes ses reprises seront franches et quittes de toutes dettes et hypothèques, quand même la future épouse s'y serait obligée ou y aurait été condamnée.

Article dix-neuf.

Enfin, les futurs époux se font donation l'un à l'autre, et au survivant d'eux, ce qu'ils acceptent respectivement pour ledit survivant, de l'usufruit du quart de tous les biens généralement quelconques (mobiliers et immobiliers), qu'ils possèdent actuellement, soit de leur chef, soit par suite des donations portées au présent.

Le survivant jouira de cet usufruit à partir du jour du décès du prémourant, sans être tenu de fournir caution ni de faire emploi des valeurs mobilières, mais à la charge de faire dresser bon et fidèle inventaire des biens du prédécédé.

Telles sont les conventions des parties.

DONT ACTE.

Fait et passé, etc.

———

Formule textuelle d'une procuration générale (1).

PARDEVANT, etc.

A comparu :

M. A. . . . . ,

Lequel a fait et constitué pour son mandataire général et spécial,

M. B. . . . . ,

Auquel il donne pouvoir de, pour lui et en son nom, régir, gouverner, gérer et administrer, tant activement que passivement, tous les biens, revenus et affaires du constituant et tous ceux de Mme. . . ., son épouse ;

Passer et renouveller tous baux à ferme ou à loyer de leurs biens ; faire ces baux à telles personnes, pour le temps, moyennant les prix et aux charges, clauses et conditions qu'il plaira au mandataire ; faire

---

(1) Quelque soin que l'on prenne pour cela, je crois qu'il est impossible de faire une procuration qui renferme tous les pouvoirs dont on peut avoir besoin dans le cours de toutes les affaires qui pourront intéresser celui qui la donne.

TABLEAU OU FORMULE SYNOPTIQUE d'une Procuration générale.

GESTION et ADMINISTRATION.

- Baux...... { Preneurs, Durée, Charges, Prix. } États de lieux,
- Résiliations,
- Congés,
- Réparations. { Marchés. Vérification des travaux, { Admission. Contestation. } { Experts. Arbitres. } Procès-verbaux.
  - Paiemens { comptant. À terme ou obligation de payer.
- Arpentages et bornages, { Choix d'arpenteurs et signature des procès-verbaux.
- Assurances,
- Coupes de bois.

DISPOSITION DES DENIERS.....

- Compter.
- Recevoir... { Revenus, Intérêts, Capitaux. } Donner quittances, etc.
- Payer dettes actuelles et futures, etc.
- Offrir et consigner. { Retirer dépôts, — lettres chargées, — ballots et caisses.
- Placer { en rentes sur l'État ou sur particuliers; actions sur la Banque ou toutes compagnies, etc. par obligations, par billets.
- Acquérir. { Rentes et créances. Immeubles. } Faire toutes déclarations d'origine de deniers, etc.

POUVOIRS DE.....

- conférer à l'épouse du mandant toute autorisation pour { vendre, échanger, emprunter, accepter { tous remplois, donations et legs, successions,
- accepter toutes donations,
- emprunter,
- céder et transporter,
- échanger,
- vendre,
- assister à tous conseils de famille.

POUVOIRS relatifs AUX SUCCESSIONS.

- Scellés.
- Inventaires.
- Ventes de meubles.
- Prendre connaissance des forces et charges; faire délivrance de legs, etc.
- Accepter purement et simplement ou sous bénéfice d'inventaire.
- Compter.
- Toucher.
- Payer.
- Liciter.
- Liquider.

POUVOIRS DE......
- poursuivre l'interdiction de toutes personnes,
- faire déclarer l'absence.

POUVOIRS RELATIFS AUX....
- faillites,
- poursuites judiciaires.

POUVOIRS GÉNÉRAUX DE....
- traiter,
- transiger, etc.

Nota. Pour les pouvoirs de détail relatifs aux grandes divisions, *voir* la formule textuelle. Je n'ai pas voulu compléter ce tableau. Je ne le place ici que pour tracer la marche à suivre. J'engage ceux qui s'en serviront à le compléter eux-mêmes : ils profiteront beaucoup plus de leur travail que du mien, eussé-je mieux fait qu'eux. Qu'ils se rappellent ces mots du docteur George : *C'est en faisant que l'on apprend à faire.*

(Fol°. 209 *bis.*)

dresser tous états de lieux, conjointement avec les locataires et fermiers; résilier tous baux, donner et accepter tous congés avec ou sans indemnité; faire faire par les locataires et fermiers toutes réparations à leur charge; les contraindre à tous déguerpissemens; faire faire toutes coupes de bois, en suivant l'ordre tracé jusqu'à ce jour, ou vendre lesdites coupes ainsi que toutes récoltes sur pied, soit à l'amiable, soit par adjudication publique.

Faire faire aux biens du mandant et de son épouse toutes réparations et réédifications que le mandataire jugera utiles; arrêter, à cet effet, tous devis et marchés avec tous entrepreneurs, fournisseurs et ouvriers; fixer les prix desdites réparations et réédifications, convenir de l'époque et du mode de paiement de ces prix, fixer aussi le délai dans lequel ces réparations devront être achevées; stipuler toutes indemnités au profit du constituant, en cas non confection des travaux dans le délai convenu; les vérifier, admettre ou contester; nommer à cet effet tous experts et tiers experts, s'en rapporter à leurs décisions ou en appeler, intenter toutes actions, en suivre les fins;

Faire faire tous arpentages et bornages des biens

du constituant et de la dame son épouse, contradic-
toirement avec tous propriétaires voisins; faire faire
toutes plantations de bornes; réclamer contre toutes
usurpations et dégradations qui pourraient être faites
sur lesdits biens; faire faire toutes visites de lieux,
choisir tous arpenteurs, faire dresser tous procès-
verbaux, faire tous dires, réquisitions, réserves et protestations, les signer.

Traiter avec toutes compagnies pour l'assurance
contre l'incendie des propriétés mobilières et immobilières que le constituant et la dame son épouse peuvent et pourront posséder, et ce, pour tel temps et
moyennant tels prix et conditions qu'il plaira au mandataire; signer toute police d'assurance, souscrire tous
engagemens pour le paiement des primes ou cotisation
annuelle.

Faire valoir, en cas d'incendie, toute réclamation
contre lesdites compagnies, pour raison du dommage
qu'auront pu éprouver lesdites propriétés. Nommer
tous arbitres et tiers arbitres pour évaluer lesdits dom-
mages; toucher et recevoir desdites compagnies le
montant de toutes indemnités, en poursuivre le paiement par toutes voies de droit, en donner quittance;
faire toutes déclarations et affirmations.

Présenter mémoires, requêtes et pétitions, en suivre l'effet, faire toutes déclarations et affirmations qui seront requises; former toutes demandes, produire tous titres et pièces, les certifier sincères et véritables.

Défendre et stipuler les intérêts et droits du constituant dans toutes affaires, sociétés, entreprises et autres établissemens.

Établir, entendre, se faire rendre, débattre, clorre et arrêter tous comptes, en fixer, payer ou recevoir les reliquats.

Toucher et recevoir de qui il appartiendra toutes sommes en capitaux, intérêts, fruits et revenus, échus et à échoir, frais faits et à faire, et autres accessoires généralement quelconques, qui peuvent et pourront être dus au constituant et à la dame son épouse, par telles personnes, à tels titres et pour quelque cause que ce soit; toucher aussi le remboursement de toutes rentes, avec ou sans composition ou remise.

Négocier tous billets, effets, lettres de change, les passer à l'ordre de qui le mandataire jugera convenable.

Donner bonnes et valables quittances et décharges; donner main-levée et consentir la radiation partielle

ou définitive de toutes inscriptions hypothécaires ;
consentir toutes mentions et subrogations avec ou
sans garantie ; remettre toutes pièces, signer tous ac-
quits et émargemens.

Payer et acquitter toutes les sommes en capitaux et
intérêts que le constituant et son épouse peuvent ou
pourront devoir à qui et pour quelque cause que ce
soit ; se faire donner quittances, retirer tous titres et
pièces, faire toutes déclarations d'origine de deniers,
obtenir toutes subrogations, faire faire toutes radia-
tions et mentions de subrogations.

Faire faire toutes offres réelles et consignations tendant à obtenir la libération desdits sieur et dame A....;
retirer les sommes consignées des mains de tous caissiers, en donner décharge.

Retirer également des mains de tous dépositaires,
ainsi que de tous bureaux de poste et messageries,
toutes lettres, paquets et ballots, chargés ou non chargés, à l'adresse du constituant, ainsi que toutes sommes
à lui appartenant ; donner toutes décharges, signer et
émarger tous registres.

Faire tous emplois et placemens des sommes que
le mandataire aura touchées pour le constituant et

son épouse, soit en acquisitions de rentes sur l'Etat, actions de la Banque de France, de toutes compagnies, entreprises, sociétés, et autres VALEURS, soit en les prêtant à qui il plaira au mandataire, sur billets ou obligations notariées, avec ou sans hypothèques, pour tel temps et sous telles conditions que bon semblera au mandataire; acquérir toutes rentes et créances sur particuliers, moyennant le prix et aux charges et conditions qu'il plaira au mandataire; accepter toutes cessions, délégations et transports faits avec ou sans garantie.

Acquérir tous immeubles de gré à gré ou par adjudication publique, au nom et au profit, soit du constituant, soit de la dame son épouse, pour servir ou non de remplacement à l'un d'eux; faire lesdites acquisitions moyennant le prix et sous telles charges et conditions que bon semblera au mandataire; autoriser l'épouse du constituant à accepter tous remplois et à s'obliger solidairement avec le constituant au paiement du prix des immeubles ainsi acquis, et à l'exécution de toutes les conditions et charges desdites acquisitions; comme aussi, obliger ledit constituant, soit personnellement, soit conjointement et solidaire-

ment avec la dame son épouse, au paiement du prix
et à l'exécution des charges et conditions de toutes acquisitions, convenir des époques d'entrée en jouissance
et de paiement de prix; faire toutes déclarations d'origine de deniers; faire remplir toutes formalités de
transcription et de purge d'hypothèques légales; faire
faire toutes significations aux créanciers, payer tous
supplémens de prix.

Accepter toutes donations entre vifs et testamentaires qui seraient faites au constituant; souscrire aux
conditions qui seraient imposées au donataire.

Conférer à l'épouse du mandant toutes autorisations
nécessaires à l'effet d'accepter toutes donations entre
vifs et testamentaires, et pour souscrire aux conditions
qui seraient imposées à la donataire.

Emprunter, de qui il plaira au mandataire, toutes
sommes qu'il croira utiles aux besoins et affaires du
mandant; fixer le taux des intérêts, ainsi que l'époque
et les conditions du remboursement des sommes em-
pruntées, et les termes de paiement desdits intérêts.
Créer et constituer toutes rentes perpétuelles et via-
gères, aux taux et conditions qu'il plaira au mandataire;
fixer les époques de paiement de ces rentes; toucher
et recevoir le prix des constitutions; affecter à la ga-

rantie desdits emprunts et desdites rentes, en tout ou partie, les biens immeubles du constituant; faire toutes déclarations sur l'état hypothécaire desdits immeubles, ainsi que toutes déclarations relatives à l'état civil du mandant; autoriser l'épouse de ce dernier à s'obliger solidairement avec lui pour raison desdits emprunts, et même à faire aux prêteurs le transport de ses droits et reprises jusqu'à due concurrence, et les subroger dans l'hypothèque légale de ladite dame contre le constituant (1).

Vendre, céder et transférer, à qui il plaira au mandataire, toutes rentes sur l'état, actions sur la Banque de France et autres compagnies, et généralement toutes autres valeurs qui appartiennent ou pourront appartenir au constituant; commettre à cet effet tous agens de change; signer tous transferts, en recevoir le montant, en donner quittances; signer et émarger tous registres et feuilles de paiement; céder et transporter également toutes rentes et créances sur particuliers, avec ou sans garantie, et aux prix et conditions que le mandataire jugera convenable.

---

(1) Céder en garantie les indemnités à prendre sur les compagnies d'assurance, en cas d'incendie, etc.

Echanger tout ou partie des immeubles du constituant, contre tels autres biens qu'il plaira au mandataire; faire lesdits échanges aux conditions qu'il jugera convenable; fixer toute soulte, obliger le constituant à son paiement, ou en toucher le montant s'il
y a lieu.

Vendre en bloc ou par partie, les immeubles que le
constituant peut et pourra posséder, soit de gré à gré,
soit par adjudication aux enchères, à telles personnes,
moyennant les prix, charges, clauses et conditions
que le mandataire avisera; faire la désignation desdits
biens, en établir la propriété en la personne du constituant; fixer pour lesdits échanges et ventes toutes
époques d'entrées en jouissance, ainsi que les lieu,
mode et termes du paiement du prix; stipuler tous
intérêts, obliger le mandant au rapport de toutes jus-
tifications et main-levées d'inscriptions, ainsi qu'à la
remise de tous titres et pièces, et à tous emplois de
fonds; faire toute déclaration sur l'état civil du mandant, déclarer notamment qu'il n'est point et n'a jamais été tuteur de mineurs ou interdits, et qu'il est
époux de ladite dame . . . ., dont les créances
matrimoniales s'élèvent au plus à . . . .

Représenter le mandant à toutes assemblées de famille, prendre part à toutes délibérations, les signer, nommer tous tuteurs et subrogés tuteurs, accepter les fonctions qui seraient déférées au mandant, ou faire valoir tous motifs d'excuse pour les refuser.

Provoquer, devant tous tribunaux, toutes interdictions et nominations de conseils judiciaires, présenter requêtes à ce sujet, faire valoir tous moyens, produire tous témoins et pièces à l'appui.

Assister à toutes assemblées de conseils de famille de toutes personnes dont la demande en interdiction ou nomination de conseil judiciaire serait formée; prendre part à toutes délibérations, accepter toutes fonctions qui seraient déférées au mandant, ou les refuser.

Présenter toutes requêtes tendant à faire pourvoir à l'administration des biens et affaires de toutes personnes présumées absentes; faire commettre tous notaires pour les représenter partout où besoin sera; faire déclarer l'absence; produire toutes pièces et tous renseignemens à l'appui, se faire envoyer en possession des biens des absens, donner caution pour sûreté de l'administration des biens; exercer tous droits testamentaires, faire procéder en présence de qui de droit à l'inven-

taire du mobilier de l'absent, faire la vente de ce mobilier ; faire emploi du prix de cette vente, ainsi que
de tous fruits échus, en acquisition de tous meubles et
immeubles ; faire procéder par voie d'experts à la vi-
site des immeubles de l'absent, poursuivre toutes ho-
mologations.

Recueillir, régler et liquider toutes successions
échues et à échoir au mandant et à la dame son
épouse ; faire apposer tous scellés, faire procéder à leur
reconnaissance et levée avec ou sans description, ainsi
qu'à tous inventaires et récollemens ; faire pendant le
cours de ces opérations, tous dires, réquisitions, réserves et protestations, les signer ; faire vendre les
meubles dépendant desdites successions, avec ou sans
attribution de qualité ; présenter toutes requêtes, obtenir toutes ordonnances et autorisations ; prendre
connaissance des forces et charges desdites successions,
ainsi que de tous titres et papiers, notamment de tous
testamens, codiciles, donations et autres actes de li-
béralité ou de dernière volonté ; en consentir ou contester l'exécution, faire la délivrance de tous legs ou la
réclamer au profit du mandant pour ceux faits à son
profit ; présenter requêtes afin de se faire envoyer en
possession de tous legs universels ou particuliers ;

accepter lesdites successions purement et simplement, ou sans bénéfice d'inventaire, ou y renoncer; passer à cet effet toutes déclarations aux greffes de tous tribunaux.

Vendre les immeubles et rentes dépendant desdites successions, soit de gré à gré, soit par voie de licitation; défendre à toutes licitations qui seraient poursuivies par les cohéritiers du mandant ou tous autres copropriétaires; faire dresser tous cahiers de charges, y insérer toutes clauses et conditions que le mandataire jugera convenable; se rendre adjudicataire.

Procéder à la liquidation et au partage des biens desdites successions, soit à l'amiable, soit devant les tribunaux; composer les masses, faire et exiger tous rapports et prélèvemens, former les lots, les tirer au sort, accepter celui qui écherra au constituant; stipuler soulte, la recevoir ou payer, laisser tous objets en commun, faire et accepter tous abandonnemens, souscrire à toutes conditions de liquidations et partages, conférer tous pouvoirs pour l'administration des objets qui seraient laissés en commun.

En cas de faillite de tous débiteurs du mandant et de son épouse, requérir toutes appositions de scellés, faire procéder à leur reconnaissance et levée de la manière expliquée ci-dessus, ainsi qu'à tous inventaires et récollemens, prendre connaissance de tous papiers, titres, registres et notamment de tous bilans ;

Se présenter à toutes assemblées de créanciers, prendre part à leurs délibérations, nommer syndics provisoires, séquestres et dépositaires, accepter et remplir celles de ces fonctions qui seraient conférées au constituant, ou faire valoir tous motifs d'excuse pour les refuser ; faire vendre le mobilier et les marchandises des faillis, surveiller l'administration des syndics provisoires, porter plainte contre eux, faire tous actes conservatoires ; faire vérifier les créances du mandant, affirmer qu'elles sont sincères et véritables, et que le constituant ne prête son nom directement ni indirectement à qui que ce soit, ainsi qu'il l'a présentement affirmé ès-mains des notaires soussignés ; faire le dépôt de tous titres et pièces aux greffes de tous tribunaux de commerce ; admettre ou contester les créances des autres créanciers ; nommer tous caissiers et syndics définitifs, signer tous concordats, contrats d'union et d'atermoiement ; attaquer tous actes faits en fraude des droits des créanciers.

S'opposer à toutes demandes formées par les femmes des faillis, pour raison de leurs reprises matrimoniales; les poursuivre, s'il y a lieu, comme complices de banqueroute frauduleuse.

Accepter la cession de biens que pourraient faire les faillis, faire vendre les biens cédés.

Faire toutes revendications des marchandises provenant du mandant, en poursuivre la saisie.

Poursuivre les faillis comme banqueroutiers simples ou frauduleux, s'il y a lieu; toucher tous dividendes et répartitions de deniers.

Exercer la contrainte par corps, consigner des alimens, signer tous écrous et recommandations, en donner main-levée, consentir tous élargissemens et toutes réhabilitations, même dans le cas où le comparant ne serait pas intégralement remboursé de ses créances.

Et pour l'exercice du présent mandat, dans tous les cas où les intérêts du constituant et de la dame son épouse l'exigeront, diriger contre qui de droit toutes poursuites, contraintes et diligences utiles et nécessaires; citer et comparaître, tant en demandant qu'en défendant, devant tous juges et bureaux de paix et de conciliation qu'il appartiendra; se concilier, s'il y a

lieu ; autrement plaider devant tous tribunaux com-
pétens ; constituer avoués et avocats, les révoquer, en
constituer d'autres, obtenir tous jugemens et arrêts,
les faire exécuter par les voies de droit, les faire infir-
mer et réformer.

Faire faire toutes enquêtes et descentes de lieux,
requérir tous interrogatoires sur faits et articles, proposer toutes récusations de juges et témoins, former
toutes demandes incidentes, intervenir dans toutes
instances, suivre celles qui seraient commencées, en
demander le renvoi devant tous tribunaux qu'il y aura
lieu, reprendre toutes instances, les suivre jusqu'à
jugemens définitifs.

Appeler de tous jugemens, se pourvoir par voie de
requête civile ou devant la Cour de cassation ; obtenir
tous arrêts, en suivre l'exécution, prendre tous juges
à partie s'il y a lieu ; s'inscrire en faux contre tous
titres et actes, requérir toutes vérifications d'écritures,
faire annuler tous actes, se faire envoyer en possession
de tous biens ; poursuivre la résolution de toutes ventes
et autres actes et contrats, provoquer toutes reventes
sur folle-enchère.

Faire faire toutes saisies mobilières et immobilières,

faire faire toutes ventes de meubles et effets mobiliers, faire faire toutes oppositions et arrêts de deniers, constituer tous gardiens.

Poursuivre l'expropriation forcée de tous biens immeubles, les enchérir, surenchérir, s'en rendre adjudicataire; poursuivre tous ordres et distributions de deniers, produire toutes pièces, faire toutes déclarations et affirmations, obtenir tous bordereaux de collocation et mandats, les faire signifier, en toucher le montant, en donner quittances.

Se désister de tous jugemens, appels, significations, oppositions, saisies-arrêts, hypothèques, priviléges, actions résolutoires et autres, en consentir la nullité.

Traiter, transiger, compromettre, faire remise, accorder termes et délais, nommer tous experts, tiers-experts, arbitres et sur-arbitres, s'en rapporter à leurs décisions ou se pourvoir contre, faire tous arrangemens à l'amiable, passer et signer tous actes, exercer les droits et actions du constituant et le représenter dans toutes entreprises, affaires et circonstances où il pourra se trouver intéressé, substituer une ou plusieurs personnes en tout ou partie des présens pou-

15

voirs, les révoquer, en substituer d'autres, se faire
ren're tous comptes par les mandataires révoqués, et
généralement faire ce que les circonstances nécessite-
ront, quoique non prévu ici, le constituant promet-
tant l'avouer.

DONT ACTE.

Fait et passé, etc.

DE L'APPLICATION

GÉNÉRALE

DE

LA MÉTHODE SYNOPTIQUE.

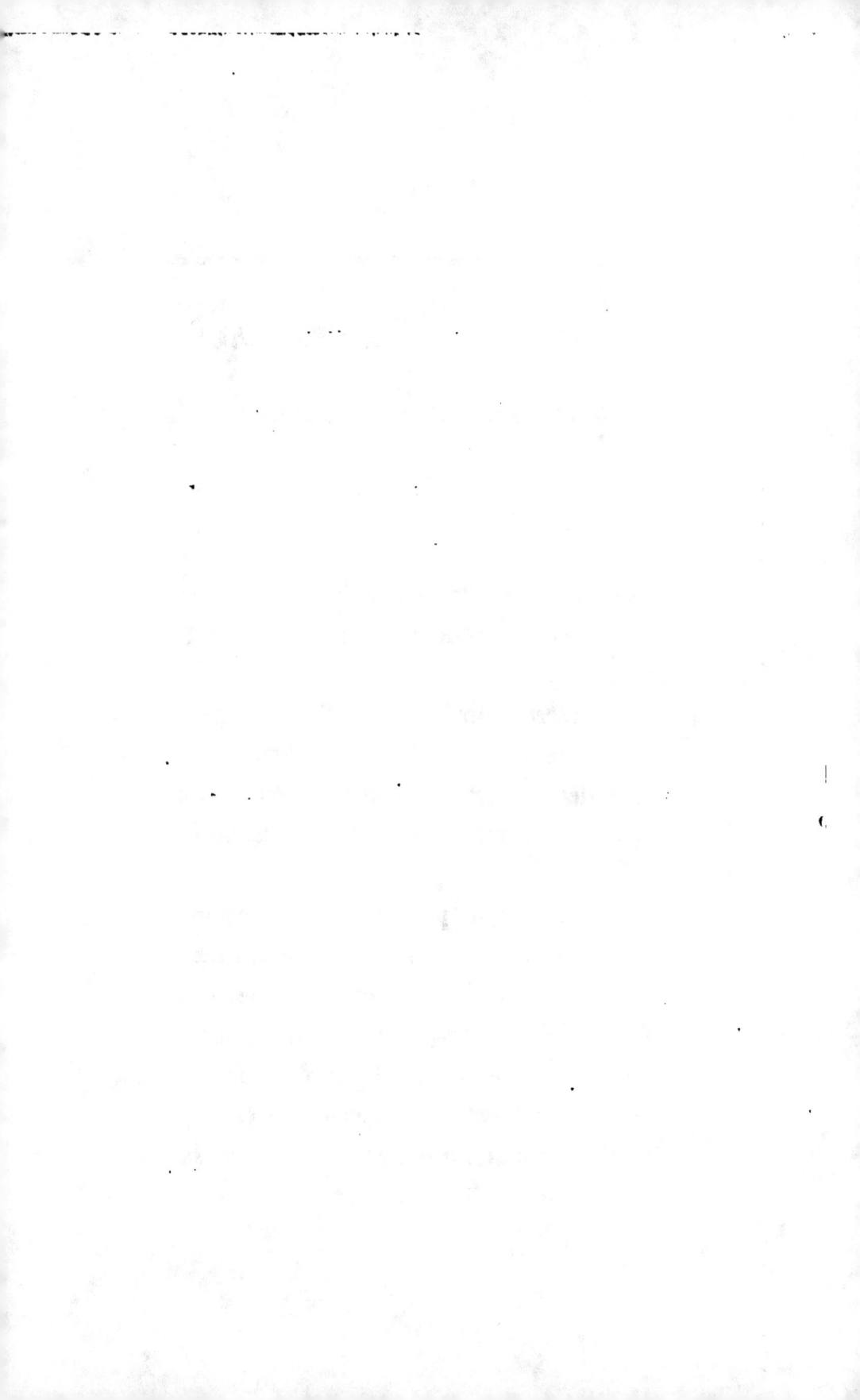

DE L'APPLICATION GÉNÉRALE

DE LA MÉTHODE SYNOPTIQUE.

Il y a plusieurs avantages à tirer des Tableaux synoptiques, et deux manières principales d'en faire usage.

L'une sert à faire la construction idéologique de chaque phrase que l'on veut juger. Comme je l'ai déjà dit, cette méthode fait promptement et facilement justice de toute production incomplète.

Avec l'autre, on peut retirer de cette application un avantage immense. Elle fournit le moyen de réunir, dans un cadre fort restreint, l'analyse d'un ouvrage entier. On en pourra juger par le tableau ci-joint, qui renferme toute l'introduction extraite de l'admirable Ouvrage de Maine-Biran, *Influence de l'habitude sur*

la faculté de penser. Ces tableaux présentent
encore un autre avantage, celui de pouvoir
servir en même temps d'analyse et de table
pour renvoyer aux pages du texte. Les chiffres
que j'ai placés avant ou après certaines lignes,
sur ce tableau, indiquent les pages du texte de
ce fragment. Et je donne ici cette Introduction
en entier, comme modèle de l'application de
la méthode, et pour l'intelligence complète du
tableau. Je lui accorde cette préférence, parce
que l'ouvrage n'est presque pas connu, bien
qu'il mérite d'être mis au premier rang des
productions philosophiques.

Si je m'étais borné à donner seulement des
formules synoptiques d'actes, quelques personnes auraient pu croire qu'il est impossible
de faire l'application de cette méthode sur un
ouvrage un peu long. Et, pourtant, ce n'est
guère qu'au moyen de cette application que
l'on peut tirer tout le fruit que l'on doit attendre d'une lecture abstraite. Car, à ce moyen,
on peut lire un ouvrage de 400 pages in-8°,

en une heure au plus, et le lire complètement :
c'est-à-dire que la vue du tableau synoptique,
en retraçant toutes les idées principales, rap-
pellera également les détails supprimés. Et l'on
a l'immense avantage de pouvoir fixer toute
son attention sur telle partie spéciale que l'on
a besoin de voir plus particulièrement. J'ai vu
quelque part que pour bien comprendre un
ouvrage scientifique, il faut le refaire soi-
même. Cette opération, si avantageuse, est
toute entière dans la méthode synoptique qui
la facilite d'une manière surprenante.

NUL NE RÉFLÉCHIT L'HABITUDE. 1 LA RÉFLEXION { demande un point d'appui, une résistance; l'habitude les détruit et confond tout. première est difficile............. n'appartient qu'au génie. } Comment soupçonner du mystère dans ce qu'on a toujours vu!

4 La lenteur et la difficulté } de nos connaissances se proportionne à { la proximité } de leurs objets, et à l'intimité la fréquence ou continuité des impressions qu'ils nous occasionnent.

6 POUR ÉTUDIER ET COMPOSER DE NOUVEAU L'ENTENDEMENT HUMAIN :

Il faut d'abord,.... s'assurer { de la nature du nombre de l'espèce } des matériaux qui concourent à le former,.... Il faut du temps pour en reconnaître l'agrégation.

11 Les CAUSES PREMIÈRES ne peuvent jamais devenir pour l'homme objets de connaissances [positives]. (*Il faut s'en tenir à la sensibilité.*)

12 Les opinions religieuses servent { à consoler,.... de complément au fragile bonheur de la vie, souvent de préservatif contre le vice et d'encouragement à la vertu. } 12 Mais la vertu perdrait-elle de son prix aux yeux du philosophe pour tenir à quelques fibres du cerveau?

12 LA SENSIBILITÉ est la faculté de sentir ou de recevoir des impressions... 17

Résultat de l'action d'un objet sur une partie animée. Synonyme de sensation par l'auteur. CETTE FACULTÉ EST LA MÈRE DE TOUTES : elle se........................ { modifie dans chaque organe, divise en autant d'organes ou de sens capables d'en recevoir.

Passives ou sensations. Résultat du sentiment prédominant, rendant le mouvement qui se fait en même temps, 12 75 presque nul. Sentir.... une douleur, de la chaleur.... ne pouvoir changer son état. } qui se rencontrent presque toujours.

Actives ou perceptions { (simples). Résultat du mouvement qui prend l'initiative ou n'est point éclipsé par le sentiment, mouvoir.... changer de lieu.... faire cesser ou recommencer la sensation. 30 77 56 d'effort, Source de toute perception, de toute connaissance.

28 3o LA MAIN { par son mouvement { contraint, donnant l'*impression*, 54, libre, donnant le *souvenir*, 54 } est le premier instrument d'analyse; elle divise la résistance. Si elle était calleuse, rien.

29 LES NERFS plus divisés transmettent à l'organe cérébrale des avertissemens plus détaillés.

31 LE TACT { proprement dit n'est pas le type de toutes nos impressions. Il 30 réunit la sensibilité et le mouvement.
Revue des sens : { Vue,......... 33 Ouïe et voix associées. 39 Goût........ 4? Odorat....... 4?
{6 Impressions intérieures. Faute de mouvement, toute lumière s'éclipse à leur égard.

48 L'ACTION PREMIÈRE { des objets sur les organes sentants ou des organes moteurs sur les objets } change en vertu de *déterminations** { de sentiment ou sensitives 49 et de mouvement ou motrices, 53 } remettant fictivement la main dans le même état que lorsqu'elle percevait, et faisant que l'individu perçoit encore par la pensée un globe absent, et qu'il a (par cette copie de la 1re. impression) ce qu'on nomme idée.

* Les déterminations font naître la reproduction........... { active, { résultat de l'action volontaire............. { du mouvement, se rapportant aux idées tirées...... de la résistance et de sa forme, s'exécutant avec un effort volontaire { des sons vocaux, } accompagnée du jugement de réminiscence, et se nommant rappel.
passive { se rapportant spécialement à la production des images............. 63 68 ne se joignant à la réminiscence que dans un degré modéré de vivacité. } se nommant imagination } ... son exercice habituel excite les divers sensitives, ce dont elle profite. Le jeu de cette faculté peut être déterminé par différentes causes. (i)

La faculté de rappeler { en mouvant,...... se nomme............ en faisant un effort } se nomme............ mémoire.

** Signes { naturels ou premiers mouvemens servant à { manifester ou rappeler } les impressions auxquelles ils ont concouru.
artificiels, { Extension des premiers d'un cas à l'autre par la simple liaison des idées. Communication aux modifications les plus fugitives d'une partie de la disponibilité des mouvemens. Entés sur les signes naturels. 63

INFLUENCE
DE L'HABITUDE
SUR
LA FACULTÉ DE PENSER.

INTRODUCTION.

Nul ne réfléchit l'habitude, a dit un
homme célèbre (Mirabeau, Conseils à un
jeune prince, etc.); rien de plus vrai ni de
mieux exprimé que cette courte sentence. La
réflexion, au physique comme au moral, demande un point d'appui, une résistance : or
l'effet le plus général de l'habitude est d'en-
lever toute résistance, de détruire tout frot-
tement; c'est comme une pente où l'on glisse
sans s'en apercevoir, sans y songer.

Réfléchir l'habitude!....., et qu'est-ce qui
peut ou veut faire cette première réflexion?
Comment soupçonner quelque mystère dans

ce que l'on a toujours vu, fait ou senti ! De quoi s'enquérir, douter, s'étonner ? Les graves tombent, le mouvement se communique ; les astres roulent sur nos têtes ; la nature étale à nos yeux ses plus grands phénomènes : quel sujet d'admiration, quel objet de connaissance peut-il y avoir dans des choses aussi familières ? Et notre existence ? les phénomènes de la sensibilité, de la pensée ? cette foule de modifications qui se succèdent, d'opérations qui se répètent et se cumulent depuis l'origine ? ce *moi*, qui s'échappe à lui-même dans la *prétendue* simplicité, et la facilité extrême de ses propres actes, qui se fuit sans cesse et se porte par-tout ?.... comment *réfléchir* ses habitudes, les plus intimes et les plus profondes de toutes ?

La première *réflexion* est en tout le pas le plus difficile : il n'appartient qu'au génie de le franchir. Dès que le grand homme qui sait s'*étonner* le premier, porte ses regards hors de lui, le voile de l'habitude tombe ; il se trouve en présence de la nature, l'interroge librement, et recueille ses réponses ; mais, s'il veut concentrer sa vue sur lui-même, il demeure toujours en présence de l'habitude, qui continue à voiler la composition et le nombre de ses produits, comme elle dérobait auparavant jusqu'à leur existence.

Le premier coup-d'œil que nous jetons sur notre intérieur ne nous découvre en effet, pour ainsi dire, que des masses : c'est l'image du chaos; tous les élémens sont confondus; impressions, mouvemens, opérations, ce qui vient du dehors, ce qui est propre à l'individu, tout se mêle, se combine en un seul produit résultant, infiniment complexe, et que l'habitude nous fait juger, ou sentir comme s'il était simple. Point d'origine, de génération, ni de succession; c'est un cercle qui roule sur lui-même avec une extrême rapidité; on n'en distingue pas les points, on sait à peine s'il roule.

Lorsqu'une première réflexion a découvert un composé, et qu'un commencement d'analyse en a détaché les parties les plus grossières, cette analyse s'arrête encore à des masses, comme aux derniers termes de décomposition possible; veut-elle avancer, elle trouve toujours dans l'habitude même plus de résistance, plus de prestiges et d'erreurs.

Ce fut donc la même cause qui, dans

l'ordre des connaissances humaines, assigna
le dernier rang à la science de nos idées, et
dans cette science même, à la découverte de
ses premiers et véritables élémens. Ainsi l'artifice du raisonnement était connu, ses diverses formes analysées, ses méthodes prati-
quées avec succès dans plusieurs genres,
tandis que les produits immédiats de la sensibilité, les plus simples résultats de l'exercice
des sens, l'origine évidente de toute faculté,
demeuraient oubliés, inaperçus, et voilés par
leur simplicité, leur familiarité même ; tant
il est vrai que la lenteur et la difficulté de nos
connaissances, se proportionnent presque
toujours à la proximité, à l'intimité de leurs
objets, à la fréquence ou à la continuité des
impressions qu'ils nous occasionnent.

L'analyse avait peut-être *usé* déjà son instrument propre contre l'agrégat de l'habitude, lorsqu'elle songea heureusement à l'atteindre par une voie opposée comme le chi-
miste forme de toutes pièces, par la puissance
de son art, un mixte semblable à celui qu'il
ne pouvait dissoudre, mais dont il *soupçon-
nait* les élémens ; des métaphysiciens obser-
vateurs, remontant d'abord jusqu'à des sup-

positions ou des faits premiers très-simples ,
et placés hors de la sphère de l'habitude, en-
treprirent de recomposer ou d'imiter ses
produits pour les connaître. A mesure qu'ils
combinaient les élémens de leur création, ils
comparaient les propriétés de leurs résultats
hypothétiques avec les produits complexes
réels , et mesuraient exactement sur leur
propre ouvrage des proportions qu'ils n'auraient jamais pu reconnaître dans l'œuvre de
l'habitude (1); c'est ainsi que l'on parvint
vraiment à *réfléchir* cette *habitude ;* c'est
ainsi que les facultés et les opérations de l'entendement se démêlèrent peu à peu, et sor-
tirent du chaos ; mais la manière détournée
dont le génie fut obligé de s'y prendre prouve
quelles étaient la difficulté du travail et la
puissance de la cause qu'il fallait combattre.

Ils sentirent donc bien cette puissance, les
premiers maîtres, qui, remontant contre la
pente de l'habitude, trouvèrent l'origine de

---

(1) La Psychologie, l'Essai analytique de *Bonnet*, le
Traité des sensations, de *Condillac*, ne procèdent guère
autrement; nous examinerons mieux dans le cours du mémoire, pourquoi cette marche était la seule que l'on pût
adopter.

nos facultés, l'ordre de leur génération,
qu'elle avait obscurcis ou confondus ; ils l'ont
encore mieux appréciée, ces philosophes, qui
ont agrandi le champ de la science, et péné-
tré plus avant dans les secrets de la pensée :
toutes leurs découvertes ne sont-elles pas autant de conquêtes arrachées à l'habitude, autant de preuves de ce qu'elle peut, tant pour
étendre nos facultés, perfectionner et com-
pliquer nos opérations, que pour en voiler
l'exercice ? Que manque-t-il donc maintenant
à la détermination précise de cette cause générale de nos progrès d'un côté, de notre
aveuglement de l'autre ? Qu'y a-t-il encore à
découvrir sur un sujet qui a donné lieu à
tant de recherches, à tant de travaux impo-
sans ? Que reste-t-il à dire enfin après les
maîtres ? La manière dont leur ouvrage a été
commencé et continué peut nous fournir à cet
égard quelques indications.

En étudiant et composant de nouveau l'entendement humain, il fallut d'abord s'assurer
de la nature, du nombre et de l'espèce des
matériaux qui concourent à le former ; cette
recherche importante et laborieuse ne per-
mettait pas sans doute d'observer en même

temps, comment, dans quel ordre et par quelle suite d'actes ces divers élémens avaient pu se réunir, quelle était, pour ainsi dire, la force d'agrégation, le degré de persistance dont chacun d'eux jouissait, soit par sa nature propre, soit par la fréquence de ses répétitions.

En s'occupant de la génération de nos facultés, les analystes se sont attachés à connaître d'abord comment elles naissaient toutes d'une première, qui se *transformait* pour les produire; mais, préoccupés de leur ordre de filiation, ils n'ont pu examiner avec assez de détail quel était le mode du développement individuel de chacune d'elles; quels étaient les effets de la répétition de leur exercice, si ces effets étaient constans ou variables; comment la *sensation* (faculté *unique* par l'hypothèse) pouvait, en se répétant, tantôt s'obscurcir, s'affaiblir ou s'exalter, tantôt s'éclaircir, se distinguer ou rester dans le même état; comment l'habitude pouvait être ainsi tantôt mobile de perfectionnement, tantôt principe d'altération; comment enfin l'analogie ou la contrariété de résultats, dans l'action d'une même cause, pouvait jeter un

16

nouveau jour sur l'origine des facultés mêmes, et montrer les liens qui les unissent comme les différences qui les séparent.

L'influence que l'habitude exerce sur la faculté de penser est donc encore une question importante, susceptible d'être envisagée sous plusieurs nouveaux points de vue : pour la traiter avec toute l'exactitude désirable, peut-être faudrait-il se transporter au point d'où partirent les créateurs de la science, les suivre dans leur marche, refaire avec eux toutes ces habitudes dont se compose notre entendement, en insistant sur les diverses considérations qu'ils ont été forcés d'omettre ; ce plan serait trop vaste pour ma faiblesse.

Les philosophes qui ont proposé le problème en ont mesuré l'étendue ; ce sont eux-mêmes qui l'ont conduit, en quelque sorte, à son point de maturité ; ils en ont fourni les *données* et préparé la solution ; si celle que j'essaie d'en donner est bonne, c'est à eux qu'elle appartient ; les erreurs seules, s'il y en a, viendront exclusivement de mon propre fonds.

L'énoncé de la question suppose comme connues, les *facultés* et les *opérations* de l'entendement ; et en effet il faut bien connaître la nature, le nombre, la dépendance ou la subordination réciproque, soit des facultés entr'elles, soit des opérations considérées par rapport aux facultés, pour déterminer comment la répétition de l'exercice des unes peut influer sur les autres, ou les modifier. La solution est même contenue implicitement dans ces données réelles ou supposées : elle devra donc ressortir de leur discussion, et servir ensuite à leur plus grand éclaircissement ; les fortifier comme principes, les confirmer ou les redresser comme hypothèses.

C'est dans cet objet que j'ai cru devoir rappeler, d'abord séparément, et réunir dans cette Introduction, tout ce que j'ai puisé, soit dans les ouvrages de mes maîtres, soit dans mes propres réflexions, sur l'analyse de nos facultés intellectuelles ; et comme il est bien reconnu qu'elles dérivent toutes de celle de *sentir* ou de recevoir des impressions, je vais m'attacher d'abord à démêler scrupuleusement les caractères spécifiques de ces impressions diverses, ou à étudier les différentes manières dont nous *sentons ;* je déduirai de là, la distinction des facultés, et l'ordre de distribu-

tion de mes recherches ultérieures. Je demande grace pour les détails dans lesquels je
vais entrer. Ils paraîtront sans doute d'abord
bien minutieux, mais on jugera peut-être à
la fin qu'ils n'étaient pas tout-à-fait inutiles.

[*N. B.* Avant que d'aller plus avant, j'ai
encore une grace à demander au lecteur, c'est
de se bien pénétrer que dans tout ce qui va
suivre je n'ai d'autre vue que de rechercher et
d'analyser des *effets*, tel qu'il nous est donné
de les connaître, en réfléchissant d'un côté
sur ce que nous éprouvons dans l'exercice de
nos sens de nos facultés diverses, et en étudiant de l'autre les conditions ou le jeu des
organes d'où paraît dépendre cet exercice.
J'ai voulu essayer d'unir, par certains côtés
du moins, l'idéologie à la physiologie ; j'étais
conduit là par la nature de la question, qui
appartient en même temps aux deux sciences ;
j'ai pensé même que l'idéologie en général ne
pouvait que gagner à cette alliance, et qu'il
appartenait surtout à la physique de répandre
un peu de jour sur quelques obscurités de
l'être pensant : mais, dès qu'on adopte la
marche du physicien, on doit, à son exemple,

ne s'occuper que du rapport et de la succession des phénomènes, en laissant derrière
soi, et sous le voile qui les couvre, les causes
premières, qui ne sauraient jamais devenir
pour l'homme, objets de *connaissances*.

Nous ne savons rien sur la nature des
forces. Elles ne se manifestent à nous que
par leurs effets; l'esprit humain observe ces
effets; suit le fil de leurs diverses analogies;
calcule leurs rapports, quand ils sont susceptibles de mesure : là sont les bornes de sa
puissance.

Etudier seulement dans la réflexion intime
et dans les résultats (connus ou supposés)
du jeu des organes, ce que la métaphysique
a long-temps recherché dans la nature de l'ame
même, c'est donc abandonner une *cause* dont
nous ne connaissons que le nom, pour nous
en tenir aux faits d'expérience et d'observation qui sont de notre domaine propre; c'est
appliquer directement à l'idéologie l'excel-
lente méthode de philosopher, pratiquée avec
tant de succès et dans tous les genres, par les
bons esprits et les génies qui honorent notre
siècle.

Les exemples de *Condillac*, de *Bonnet* surtout (1), que j'aime à citer, et qui m'a souvent servi de modèle, prouve que l'on peut transporter la physique dans la métaphysique, sans vouloir porter atteinte à rien de ce qui est respecté et vraiment respectable ; sans ébranler aucune espérance, ni attaquer aucune de ces opinions consolantes qui servent de supplément au fragile bonheur de la vie, souvent de préservatif contre le vice et d'encouragement à la vertu. Mais, comme le dit si énergiquement *Bonnet* lui-même dans sa préface de l'Essai analytique : *La vertu perdrait-elle de son prix aux yeux du philosophe, dès qu'il serait prouvé qu'elle tient à quelques fibres du cerveau ?*]

———

I. La faculté de recevoir des *impressions* (2) est la première et la plus générale

———

(1) Voyez ce que dit *Condillac*, particulièrement dans sa Logique, chap. 9, première partie, sur la physique de la mémoire, de la conservation des idées et des habitudes ; *Bonnet*, dans la Psychologie et l'Essai analytique de l'ame.

(2) J'entends par *impression*, le résultat de l'action d'un objet sur une partie animée : l'obj.   la cause quelconque, externe ou interne, de l'*impression*. Ce dernier mot aura pour moi la même valeur générale que celui de *sensation*, dans l'acception ordinaire ; on verra tout-à-l'heure pourquoi j'ai substitué l'un de ces termes à l'autre.

de toutes celles qui se manifestent dans l'être
organisé vivant.

Elle les embrasse toutes : nous n'en sau-
rions concevoir aucune avant elle ou sans elle,
et qui n'en soit plus ou moins étroitement dé-
pendante. L'exercice de cette faculté se modifie différemment dans chaque organe, en
raison, soit de sa construction particulière,
soit de la nature et de la manière d'agir des
objets auxquels il est approprié. Il y a donc
autant de classes d'impressions, qu'il y a de
sens ou d'organes capables d'en recevoir.

On pourrait rapporter chacune de ces
classes à des facultés particulières (comme
on dit quelquefois, en effet, la faculté de
toucher, de voir, d'entendre, etc.), et l'on
serait peut-être d'autant mieux fondé dans
cette distinction des facultés, qu'il y a plusieurs opérations qui ne dépendent quelquefois que de l'exercice d'un sens isolé, ou de
deux réunis, sans avoir rien de commun avec
les autres qui ont aussi leurs opérations particulières, essentiellement distinctes (les opérations de l'*instinct*, par exemple, ne se rapportent point aux mêmes organes que celles
de la connaisssance); mais les métaphysiciens

n'examinant dans les organes que la propriété commune de recevoir des impressions, et dans l'individu celle d'en être affecté ou modifié, comprirent tous les résultats quelconques de l'exercice des sens, sous le nom générique de *sensations;* et la faculté de *recevoir* ou d'éprouver des sensations fut appelée faculté de sentir, ou *sensibilité physique.*

Ce mot *sentir* a été étendu par la suite, à tout ce que nous pouvons éprouver, apercevoir ou connaître, en nous ou hors de nous, par l'action des objets externes, comme indépendamment de cette action, en sorte qu'il est devenu synonyme de cet autre mot *conscience,* employé par les premiers métaphysiciens, pour désigner cette sorte de vue intérieure par laquelle l'individu aperçoit ce qui se passe en lui-même.

Observons que l'expression *sentir,* en prenant cette généralité d'acception, n'en a pas moins conservé sa valeur propre et vulgaire qui s'applique spécialement aux modifications affectives, et de là résultent souvent des doubles emplois du même mot (1), et peut-être

(1) En vertu de l'extension donnée à ce mot, on dirait également : je *sens* que je meus, que j'agis, que je rai-

un certain louche qui se répand sur les premiers principes de la science.

Si l'on se sert en effet du même terme *sen-*

---

sonne, etc. Je *sens* que je *sens* : ici il est bien évident que
les deux *je sens*, accolés l'un à l'autre, n'ont point la même
signification ; le dernier exprimant la modification simple
du plaisir ou de la douleur, tandis que l'autre désigne cet
acte par lequel je me sépare en quelque sorte de ma modification, je reconnais mon *moi* comme existant hors d'elle ;
mais, si cette modification était seule, je serais entièrement
identifié avec elle ; je *sentirais* dans toute la force du terme,
et cependant il n'y aurait aucun fondement au premier *je
sens*, qui est l'expresson d'un jugement.

Je sais que les analystes ne s'y trompent point, et qu'ils
distinguent très-bien d'ailleurs les classes de phénomènes
qu'ils rapportent à la sensibilité ou faculté de sentir ; mais
pourquoi ne pas consacrer ces distinctions si essentielles par
le langage même ? Sans doute il était nécessaire, dans le
principe, de rappeler continuellement que la sensation
était l'origine commune de nos facultés ; il fallait forcer la
pensée à ne jamais perdre de vue cette origine, surtout dans
ces excursions lointaines, où elle est si sujette à l'oublier ;
mais nous n'en sommes plus aux premiers pas ; nous ne pouvons plus aujourd'hui reconnaître d'opérations ni de facultés antérieures à l'action des sens, indépendantes du jeu
quelconque des organes ; ce point essentiel convenu et bien
arrêté, ne craignons pas de noter, par des signes différens,
des phénomènes, qui, pour se rallier à la même source,
n'en sont pas moins distincts entr'eux. Apportons toute la
clarté, toute la précision possibles dans les principes comme
dans la langue ; et ôtons des armes aux ennemis encore trop
nombreux de la science idéologique.

sation pour exprimer tantôt une simple modification affective, tantôt un produit composé d'une impression, d'un mouvement,
d'une opération, etc., n'est-il pas à craindre
que l'identité d'expression ne détermine souvent à confondre des choses tout-à-fait différentes, et ne serve à confirmer des illusions
auxquelles nous sommes déjà assez enclins?

Si l'on réunit sous un terme unique les divers produits de l'action de nos organes, ayant
d'avoir bien déterminé les caractères spécifiques de chacun d'eux, comment distinguera-
t-on ensuite les opérations ultérieures de la
pensée qui ne peuvent se fonder que sur la
différence de ces produits! c'est ce dernier
motif surtout qui m'a engagé à entreprendre
une analyse un peu détaillée des impressions
de nos sens, et à les ranger dans deux classes
séparées.

II. Je distingue toutes nos impressions en
actives et *passives*. Pour prévenir toutes les
difficultés auxquelles ces vieilles dénomina-
tions pourraient donner lieu, voici d'abord
sur quoi je fonde ma distinction :

Que j'éprouve une douleur ou un chatouil-

lement dans quelque partie interne du corps,
et en général un sentiment de bien ou mal-
être, que je sois dans une température chaude
ou froide, qu'une odeur agréable ou fâcheuse
me poursuive; je dis que je *sens*, que je suis
modifié d'une certaine manière; il m'est évident que je n'exerce aucun pouvoir sur ma
modification, que je n'ai aucun moyen dis-
ponible de l'interrompre ou de la changer;
je dis donc encore que je suis ou que je me
sens dans un état *passif*. Je puis bien savoir
par le raisonnement, que ce que j'éprouve
n'est point un résultat mécanique de l'action
exercée sur mes organes, ou d'une simple
communication de mouvemens soumise à des
lois nécessaires, fixes, invariables, comme
dans le choc de corps à corps; qu'il y a une
action réelle et propre à l'organe sensitif qui
se dirige lui-même suivant des lois particulières, et donne le *ton* plutôt qu'il ne le reçoit.... Mais ce jeu purement interne, s'exécute en moi sans moi, et en n'envisageant le
phénomène que dans la conscience que j'en
ai, il me paraît que je ne serais pas autrement
modifié, quand même mes organes seraient
passivement soumis à l'impulsion qui les re-

mue. S'il y a donc, comme on n'en saurait
douter, une activité *sensitive*, je la distin-
guerai de l'activité *motrice* à laquelle je donnerai exclusivement ce nom, parce qu'elle se
manifeste à mon sens intime avec la plus
grande clarté.

Que je meuve en effet un de mes membres,
ou que je me transporte d'un lieu à un autre,
en faisant abstraction de toute autre impression que celle qui résulte de mon propre mouvement, je suis modifié d'une manière bien
différente que dans le cas précédent : d'abord,
c'est bien *moi* qui crée ma modification, je
puis la commencer, la suspendre, la varier de
toutes les manières, et la conscience que j'ai
de mon activité, est pour moi d'une évidence
égale à la modification même.

Lorsque je suis borné aux sensations purement *affectives*, si l'une devient assez vive
pour occuper toute ma faculté de sentir, je
m'identifie avec elle; je n'en sépare pas mon
existence, il me semble que mon *moi* est concentré dans un point, le temps et l'espace ont
disparu, je ne distingue, je ne compare rien.

Lorsque je me meus, mon être s'étend au-
dehors; mais toujours présent à lui-même, il

se retrouve, se saisit successivement ou à la fois, dans plusieurs points; chaque mouvement, chaque pas fait, est une modification très-distincte qui m'affecte doublement, et par elle-même, et par l'acte qui la détermine; c'est *moi* qui meus, ou qui *veux* mouvoir, et c'est encore *moi* qui suis mu. Voilà bien les deux termes du rapport nécessaires pour fonder ce premier jugement simple de personnalité *je suis*. Je ne crois pas qu'on pût retrouver le même fondement dans les impressions absolument passives, mais ce point délicat pourra s'éclaircir ailleurs, autant du moins qu'il en est susceptible.

Nous pouvons déjà commencer à apercevoir que l'activité, comme la distinction du *moi* et de ses manières d'être, se rattache immédiatement à la faculté de mouvoir (1), qui doit être distinguée de celle de *sentir*, comme

---

(1) M. *Destutt - Tracy* est le premier qui ait clairement rattaché l'origine de la connaissance, de la distinction de nos manières d'être entr'elles, et du moi qui les éprouve, du jugement enfin d'*existence réelle* et de tous les autres jugemens qui en dérivent, à la faculté de mouvoir, ou à la *motilité* volontaire. (Voyez les Mémoires de la classe des sciences morales et politiques, 1ᵉ. vol., an 5, et sur-

on distingue un rameau principal du tronc
de l'arbre, ou plutôt deux arbres jumeaux
qui se tiennent et se confondent dans la même
souche (1).

Mais telle est la nature de notre organisation ; telle est la correspondance immédiate,
la connexion intime qui existe entre les deux
facultés de sentir et de mouvoir, qu'il n'y a
presque aucune impression qui ne résulte de
leur concours mutuel, et qui ne soit par con-

---

tout les Élémens d'idéologie que je regrette d'avoir connus
trop tard, et lorsque mon mémoire était presqu'entièrement
terminé). Je n'ai guère fait que développer les premières
idées de ce philosophe estimable, en cherchant dans les impressions et le jeu de chaque organe en particulier, les effets de cette cause ou faculté motrice, dont il avait déjà
apprécié l'influence générale dans la formation de nos idées
et la génération de nos connaissances.

(1) Quoique les physiologistes reconnaissent bien aujour-
d'hui l'identité d'origine ou l'*unité* primordiale des deux
forces sensitive et motrice, ils n'en distinguent pas moins
soigneusement les produits de ces deux forces, dans les phénomènes de l'organisation auxquels elles concourent. Il m'a
semblé qu'en introduisant la même distinction dans l'analyse philosophique, on pouvait dissiper beaucoup de vague,
et présenter les phénomènes de la pensée sous un point de
vue plus lumineux ; la suite de ce mémoire fera voir si je me
suis trompé.

séquent active sous un rapport, et passive sous un autre.

Otez la modification particulière qui résulte de l'exercice de notre loco-mobilité, et celles que nous éprouvons dans les affections insolites des organes internes, nous trouverons que toutes les autres impressions de nos sens ont un caractère mixte, et que l'action sensitive et motrice, le sentiment et le mouvement, s'y trouvent combinés, dans des proportions très-différentes, il est vrai, puisque tantôt l'un prédomine sur l'autre, tantôt il lui est subordonné à son tour, tantôt enfin ils paraissent conserver entr'eux le plus parfait équilibre.

Lorsque le sentiment prédomine jusqu'à un certain point, le mouvement qui concourt avec lui est comme nul, puisque l'individu n'en a point conscience, et l'impression demeure passive. Je conserverai à toutes celles de ce genre le nom de *sensations*. Si le mouvement prend le dessus, et en quelque sorte l'initiative, ou même s'il est avec la sensibilité dans un degré d'équilibre tel qu'il n'en soit point éclipsé, l'individu est actif dans son impression, il aperçoit la part qu'il y prend, la distingue de lui-même, peut la comparer avec d'autres, etc. J'appellerai *perception* toute impression qui aura ces caractères.

Examinons maintenant, dans l'exercice de chacun de nos sens, quelle est pour ainsi dire la part du sentiment et celle du mouvement.

1°. L'organe du tact nous offre d'abord les deux facultés parfaitement réunies, mais faciles à reconnaître, à distinguer.

Que l'on applique sur ma main un corps dont la surface soit hérissée d'aspérités, ou polie d'une chaleur douce ou d'un froid piquant, etc., tant que le contact dure, j'éprouve dans cet organe une impression agréable ou douloureuse, qu'il n'est point en mon pouvoir d'augmenter, de diminuer ni de suspendre en aucune manière : voilà la part du sentiment; et quand même la faculté motrice serait paralysée, il s'exercerait de la même manière. C'est à des sensations de ce genre que le tact serait borné, s'il n'était pas doué de mobilité, et, dans ce cas, il serait bien inférieur à plusieurs autres parties du corps recouvertes par la peau, mais dont la sensibilité est bien plus délicate, plus exquise.

Dans ces impressions passives, toujours

assez confuses, et dont il m'est très-difficile
de démêler les degrés, les nuances fugitives,
(même dans mon état actuel et avec toute
mon expérience acquise), je ne vois rien qui
pût faire distinguer le *moi* de ses modifications, ni ses modifications entr'elles, si elles
étaient seules.

Si le corps est abandonné sur ma main, en
lui supposant un certain poids, il m'occasionne
une modification d'un genre bien différent; je
sens ma main poussée en bas et entraînée par
une force opposée à la mienne; assurément ce
qui pousse ma main, ou qui contraint le mouvement qui tend à élever ou à retenir mon
bras, n'est pas le *moi* qui agit pour le retenir
ou l'élever; quand je serais réduit à cette
seule impression, je saurais qu'il y a quelque
chose hors de moi que je distingue, que je
compare, et tous les sophismes de l'idéaliste
ne sauraient ébranler cette conviction.

Le corps étant toujours sur ma main, si
je veux la fermer, pendant que mes doigts
tendent à se replier sur eux-mêmes, leur
mouvement est brusquement arrêté par un
obstacle qu'ils pressent et qui les écarte :
nouveau jugement nécessaire; *ce n'est pas*

17

moi. Impression très-distincte de solidité, de résistance, qui se compose d'un mouvement contraint d'un *effort* que je fais, dans lequel je suis *actif*, et de plus des modifications plus ou moins affectives, correspondantes à ce que l'on appelle les qualités tactiles (de poli, de rude, de froid ou de chaud) sur lesquelles je ne puis rien.

Arrêtons-nous un instant sur cette impression d'*effort* qui naît de tout mouvement contraint: nous avons besoin de la bien connaître.

L'effort emporte nécessairement avec lui la perception d'un rapport entre l'être qui meut ou qui veut mouvoir, et un obstacle quelconque qui s'oppose à son mouvement, sans un *sujet* ou une volonté qui détermine le mouvement; sans un terme qui résiste, il n'y a point d'*effort*, et sans effort point de connaissance, point de perception d'aucune espèce.

Si l'individu ne *voulait* pas ou n'était pas déterminé à commencer de se mouvoir, il ne connaîtrait rien. Si rien ne lui résistait, il ne connaîtrait rien non plus; il ne soupçonnerait aucune existence, il n'aurait pas même d'*idée* de la sienne propre.

Le mouvement commencé, s'il s'arrêtait à
la première résistance (par exemple, si lorsqu'un corps est posé sur sa main, ses doigts,
en se fermant, s'arrêtaient au plus léger contact), l'individu saurait simplement qu'il
existe un obstacle; mais non point si cet
obstacle est absolument impénétrable, solide,
dur ou mou, etc. Ces propriétés de la matière
ne peuvent se manifester à lui qu'autant qu'il
veut continuer le mouvement, et c'est l'intensité de son effort qui en est la mesure;
presse-t-il l'obstacle de toutes ses forces, sans
pouvoir fermer la main, il a un terme fixe
qui lui fait connaître l'impénétrabilité, la du-
reté; si l'obstacle cède plus ou moins facilement, il a la mesure de ses divers degrés de
mollesse, de mobilité, etc.

L'individu ne perçoit donc le premier rapport d'existence qu'autant qu'il commence à
mouvoir; et les autres rapports successifs,
qu'autant qu'il veut continuer le mouvement.
Mais, si nous supposons que la résistance diminue progressivement au point de devenir
insensible, le dernier terme de l'effort dé-
croissant sera la limite, et pour ainsi dire l'é-
vanouissement de toute perception, de toute
connaissance.

Ce que nous venons de dire du mouvement *contraint*, s'applique de même au mouvement *libre*; la perception de ce dernier est également dans l'effort, qui se proportionne lui-même aux divers degrés de résistance que les muscles opposent à la volonté; à mesure que l'inertie musculaire diminue, l'effort ou l'impression même du mouvement s'affaiblit et finit par disparaître; le mouvement s'exécute alors sans conscience, sans volonté.

On voit donc que l'impression d'effort est susceptible d'une multitude de nuances, depuis son *maximum* qui correspond à un obstacle invincible, impénétrable, jusqu'au dernier degré de la résistance d'un muscle. En second lieu que tant que cette impression subsiste, il y a toujours un rapport perçu entre le moi qui veut, et l'obstacle qui résiste. Telle est l'origine et le fondement premier de tout rapport.

2°. Que l'obstacle étant fixe, l'effort dépend de la volonté, mais que la résistance diminuant jusqu'à s'évanouir, l'effort et la volonté s'évanouissent avec elle (1).

_____

(1) Sans résistance, il n'y a pas d'effort ni de volonté; d'un autre côté, la résistance suppose le mouvement vo-

Les réflexions que nous venons de faire,
s'appliquent en général à tous nos organes

---

lontaire....., il semble donc que l'on tourne ici dans un cercle vicieux. Cette difficulté disparaîtra, ce me semble, si
l'on fait attention que les mouvemens premiers de l'être
sensible sont déterminés par *l'instinct*, force interne très-
réelle, très-indépendante de toute connaissance acquise et
de la *volonté* proprement dite ; mais les mouvemens dont
l'exécution doit être dans la suite spécialement affectée à
cette volonté, ne peuvent avoir lieu par l'acte instinctif,
sans que l'individu n'en soit averti par cette impression
particulière (que nous nommons *effort*), qui doit être
même plus vive dans l'origine ; or, tel est le caractère de
cette impression, que l'individu ne peut l'éprouver et la
distinguer, sans sentir qu'il a en lui le pouvoir de la reproduire : c'est de la *conscience* ou du *souvenir* de ce pouvoir que naît la volonté.... .

Les parties qui se sont mues sans *effort* dans le principe,
demeurent toujours subordonnées à l'instinct, il n'y a point
de souvenirs ni de déterminations volontaires correspondantes à leurs propres mouvemens ; ces déterminations ne
peuvent en effet se former et persister que dans le centre
cérébral, qui est le siège propre de la volonté, comme les
organes internes le sont de l'instinct. L'appétit, ou les
désirs vagues qui donnent à l'animal la première impulsion
(et qui continuent à la lui donner dans une foule de cas),
sont inséparables du sentiment ; la volonté qui tend à un
but, est inséparable de la perception, de l'expérience ; ce
n'est qu'après plusieurs actes de l'instinct, que le cerveau
contracte les déterminations nécessaires pour effectuer les
mouvemens qui sont sous sa dépendance ; et ce n'est qu'u-

moteurs, comme au tact considéré sous ce
rapport particulier. Revenant maintenant aux
impressions propres de ce sens, examinons
comment les deux facultés de sentir et de
mouvoir concourent à les produire.

Par le mouvement seul nous ne connaî-
trions guères que des masses diversement ré-
sistantes ; la main décompose en quelque sorte
ces masses, met à nud leurs élémens, distingue leurs propriétés, démêle leurs nuances ;
c'est le premier des instrumens d'analyse, et
tous ses avantages dépendent évidemment de
sa construction, de la mobilité supérieure de
ses parties, et de la nature même de leur sensibilité.

En vertu de leur mobilité, les doigts se
replient, s'ajustent sur le solide, l'embrassent
dans plusieurs points à la fois, parcourent
successivement chacune de ses faces, glissent
avec légèreté sur les arrêtes, et suivent leurs
directions. Ainsi, la résistance unique se sépare en plusieurs impressions distinctes, la

---

lors aussi que l'être sensible et moteur les *veut*, les dirige
avec assurance ; il ne *veut* point de même les mouvemens
vitaux, quoiqu'il les sente quelquefois, et qu'il *désire* en
conséquence.

surface s'abstrait du solide, le contour de la
surface, la ligne du contour; chaque perception est complète en elle-même, et leur ensemble est parfaitement déterminé.

La sensibilité recueille à mesure les découvertes du mouvement, s'empare des nuances
les plus délicates, et se les approprie; elle
saisit ce filet imperceptible, ces petites émi-
nences, ces saillies, qui disparaissaient dans
la résistance totale ou dans la rapidité de la
course, et dessine exactement ce que l'organe
moteur ne pourrait pour ainsi dire qu'ébau-
cher, si on le supposait calleux à l'extérieur.
C'est ainsi, en effet, que l'aveugle géomètre
doit la netteté et le nombre des perceptions
qu'il se forme des modes de l'étendue figurée,
autant à la délicatesse de sentiment des
houppes nerveuses, qu'à l'agilité et à la
flexibilité de ses doigts.

L'extrême division et le nombre prodigieux
de filets nerveux qui animent les muscles de
l'organe tactile, n'ont-ils pas d'ailleurs également pour fin, la distinction, la précision
des mouvemens, et la variété, la délicatesse
des sensations? tous ces caractères ne se ral-
lient-ils pas à la même condition organique,

fondamentale? Des nerfs très-divisés doivent admettre des ébranlemens moins confus, transmettre à l'organe cérébral des *avertissemens* plus *détaillés*, si ces nerfs sont recouverts d'une enveloppe propre à modérer leur sensibilité, sans l'obscurcir, le contact approprié à ce mode de sensibilité ne l'excitera point assez vivement pour distraire les produits de l'action motrice qui concourt aux mêmes opérations : ainsi, les deux fonctions de l'organe seront entr'elles dans ce degré d'équilibre qui favorise et détermine toute perception distincte.

Observons, à l'appui de ce qui précède, que si la sensibilité devient prédominante, si les qualités tactiles chatouillent, irritent ou repoussent trop vivement les extrémités nerveuses, l'action volontaire, l'effort s'obscurcit, la modification affective reste seule, et la perception des formes, confuse dans le sens, est irrévocable ensuite dans le souvenir.

Ce n'est donc que comme organe mobile que le tact contribue essentiellement à mettre l'individu en communication avec la nature extérieure; c'est parce qu'il réunit les deux facultés dans la proportion la plus exacte, qu'il est susceptible d'impressions si nettes, si détaillées, si persistantes; c'est à ce titre enfin qu'il ouvre la carrière à l'intelligence, et lui fournit ses plus solides matériaux (1).

On a coutume de comparer les diverses impressions de nos sens à celles du tact pro-

---

(1) La trompe de l'éléphant remplit à-peu-près les mêmes fonctions que la main de l'homme; la mobilité et la sensibilité s'y trouvent également réunies dans un degré parfait; aussi n'est-il point douteux, comme l'a remarqué *Buffon*, que ce ne soit à cet organe que l'éléphant doive les caractères d'intelligence qui le distinguent. En comparant les facultés des diverses espèces d'animaux, il ne serait peut-être pas difficile de prouver qu'elles se proportionnent bien moins au nombre et à la finesse des sens, qu'à l'activité et à la perfection des organes moteurs; moins à l'énergie et à la délicatesse propres de la sensibilité, qu'à la correspondance prompte, à l'équilibre constant qu'elle entretient avec la motilité, soit dans quelques organes particuliers, soit dans l'ensemble de l'organisation; ce qui suppose toujours un centre commun, qui sert de point d'appui aux deux forces, ou qui réunit, combine leurs produits, et les échange, pour ainsi dire, les uns dans les autres. En suivant ainsi tous les degrés de l'échelle, depuis l'homme jusqu'au polype, on trouverait que les facultés des êtres organisés se balancent d'une manière prodigieusement variée entre le sentiment et le mouvement, sans qu'aucune espèce les réunisse dans ce degré proportionnel, qui est si favorable au développement de l'intelligence. Les uns nous offrent en effet l'image d'un mouvement perpétuel, qui fait

prement dit. Toutes nos *sensations*, dit-on,
ne sont qu'une espèce de *toucher*, et cela est
très-vrai, si l'on n'a égard qu'à la fonction sensitive ou passive ; mais, sous le rapport de
l'activité, du mouvement, aucun autre organe
ne supporte le parallèle ; seulement en proportion de leur *mobilité*, ils sont plus ou
moins capables de correspondre ou de s'en-

---

la base de leur existence ; d'autres, éminemment sensibles,
s'irritent au plus léger contact, mais sont privés de tout
mouvement progressif ; ailleurs le sentiment est aussi obtus
que le mouvement est inerte. Partout des mouvemens brus-
ques sont subordonnés à des appetits véhémens, dont la satisfaction entraine après elle l'engourdissement et l'inertie.
Nous observons dans l'organisation des variétés parallèles
et correspondantes. Ici, c'est une pulpe sentante, uniformé-
ment répandue ; tout est sens : là, des enveloppes dures,
écailleuses, recouvrent les parties sensibles ; les os sont par
dessus la chair ; le cerveau, quelquefois nul et imperceptible, est toujours plus ou moins disproportionné à la masse
du corps ; plusieurs ganglions égaux, ou des troncs de nerfs
très-volumineux, en tiennent lieu, ou en remplissent les
fonctions. L'extrême subdivision des nerfs dans l'homme, la
proportion et la répartition admirable des organes sensibles
et moteurs, la perfection des derniers (surtout . la main
et de l'instrument vocal), la correspondance qu'ils ont dans
un centre unique, qui se trouve construit sur un plan si
particulier ; voilà, sans doute, le fondement ou les conditions de la prééminence humaine.

tendre avec le tact, de profiter de ses avertissemens, et d'y associer leurs impressions.
C'est ce que nous allons voir dans une analyse rapide de ces sens.

L'organe de la vue est celui qui est doué
de la sensibilité la plus délicate, il est exposé
presque à nud au contact de la lumière. Les
fibrilles de la rétine, dans un état de division
que la pensée, sans doute, ne saurait atteindre, sont appropriées à la ténuité du fluide
qui les frappe. Les couleurs et toutes leurs
nuances semblent se dessiner sur la toile sensible, comme avec le pinceau le plus fin, le
plus léger : tout paraît disposé pour transmettre immédiatement au centre cérébral,
des impressions distinctes, qui semblent
même, par leur nature, être les mobiles propres de son activité.

Cependant il est difficile de dire dans quelles
bornes étroites les fonctions de la vue se
trouveraient circonscrites, si nous faisions
abstraction de la mobilité particulière de cet
organe, et surtout de son association, de sa
correspondance intime avec le tact.

L'impression visuelle, ou du moins son
complément, dépend de l'activité motrice qui

y concourt, qui la prépare ; c'est par une action proprement musculaire, et avec un effort très-perceptible, sans doute, dans l'origine, que l'œil se fixe, se dirige, s'ouvre plus
ou moins, raccourcit ou allonge son diamètre
pour faire converger les rayons au point
convenable, tempérer leur vivacité ou suppléer à leur faiblesse, qu'il exécute enfin cette
multitude de mouvemens nécessaires pour
saisir les objets, en démêler les nuances,
s'approprier ces figures, que le tact premier
en exercice, supérieur en mobilité, analyse
pour lui, et avec lui.

Mais les produits de cette activité propre,
et très-marquée dans l'organe de la vue, se-
raient-ils nuls s'ils étaient isolés? quand l'individu ouvre ou ferme ses yeux, il crée ou
anéantit ses modifications, et peut les varier
de plusieurs manières.

Nous ne savons point jusqu'où pourraient
être poussées ces expériences, ni quels en
seraient les résultats ; mais n'y aurait-il pas
au moins des couleurs distinguées les unes des
autres? un *moi* agissant, distinct des modifications qu'il concourt à se donner, un effort
perçu dont le sujet et le terme ne peuvent se

confondre? Cela suffit, ce me semble, pour
détruire le parallèle que l'on a fait quelquefois entre les impressions propres de la vue
et celle des sens passifs : si l'on pouvait supposer un individu borné à ces premières impressions, il ferait plus que *sentir*, il percevrait, parce qu'il mouvrait.

C'est uniquement à cause de sa mobilité
que l'œil soutient des rapports aussi intimes
avec le tact (1), et lui associe si étroitement
ses opérations : or, il est incontestable, dans
toutes les hypothèses, que cette alliance doit
changer le caractère propre des impressions
visuelles, accroître leur activité, leur persistance, rendre le jugement bien plus fixe,
l'effort bien plus distinct, puisque la résistance extérieure s'y trouve substituée à la
simple résistance musculaire, ou coïncide
avec elle, dans le principe.

Ceci nous engage à faire une remarque es-
sentielle qui va bientôt trouver son application : c'est qu'un organe peu mobile, qui,
s'il était isolé, ne comporterait que des im-

----

(1) Comment les mains pourraient-elles dire aux yeux :
Faites comme nous, si les yeux étaient immobiles? (Voyez
le *Traité des Sensations*, de Condillac.)

pressions plus ou moins passives et confuses, peut acquérir l'activité qui lui manque, par son association ou sa correspondance avec un organe supérieur en mobilité.

Du reste, nous pouvons appliquer à la vue presque tout ce que nous avons dit du tact. Dans l'état naturel et dans l'exercice ordinaire de l'organe, les deux fonctions sensitive et motrice se correspondent et s'équilibrent sans se troubler; mais si, par la manière d'agir de l'objet ou les dispositions du sens, l'impression devenait trop vive, l'effet affectif serait seul ou dominant, et l'individu ne percevrait plus.

3°. Les ondulations communiquées par le corps sonore, soit à l'air, soit peut être à un fluide plus subtil, se transmettent d'abord à l'organe auditif, et par lui (ou même quelquefois sans cet intermédiaire) (1), ébranlent

_____

(1) On a vu des hommes absolument sourds être saisis d'un tremblement général, lorsqu'on jouait à leurs côtés de quelqu'instrument : *Boërhaave* en cite un exemple. Les nouveaux-nés sont affectés, et trémoussent au moindre bruit. Certains animaux ne peuvent entendre des sons sans pousser des cris aigus. Ces exemples prouvent, qu'en considérant les sons sous le rapport purement affectif, l'oreille et l'organe cérébral n'en sont point exclusivement le siège.

plus ou moins le système nerveux ; plus celui-
ci est délicat et mobile, plus les impressions
ont de force affective ; plus l'individu est
passif en les recevant, moins elles sont distinctes.

On voit des personnes très-sensibles qui
ne sont affectées par les suites de sons, que
comme par un bruit incommode. Il est aussi
des timbres d'instrumens, tels que l'*harmo-
nica,* qui sont éminemment excitatifs de la
sensation, et plus on en *sent* vivement les
effets, moins on les *perçoit.*

Pour que les sons puissent être distingués,
il faut d'abord, sans doute, que les vibrations
soient communiquées avec un degré modéré
de force dans un certain ordre, suivant certaines proportions déterminées aux fibres de
la lame spirale, dont la structure paraît bien
éminemment appropriée à la distinction des
suites harmoniques, ou mélodieuses.

Mais cette distinction se rapporte-t-elle
uniquement à la sensibilité de l'organe ou à
ses fonctions passives ? Les remarques précédentes nous prouvent le contraire : d'ailleurs,
pour bien entendre, il faut *écouter;* or,
qu'est-ce qu'écouter ? sinon déployer une ac-

tion sur les muscles destinés à communiquer
divers degrés de tension à la membrane du
tympan, etc. Il est vrai qu'ici l'effort est devenu imperceptible, que le jeu et l'appareil
du mouvement étant tout-à-fait internes, ne
se manifestent point comme termes de la volonté; que l'oreille étant dans l'homme exté-
rieurement immobile, ouverte à toutes les
impressions, sans moyen direct de s'y soustraire ou de les modérer, paraît être un organe d'autant plus passif, que sa sensibilité
est plus prédominante. Mais la nature même
a pris soin de suppléer à ces défauts; elle
a ramené l'équilibre, en associant, de la
manière la plus intime, ses impressions passives au jeu d'un organe essentiellement moteur.

Les sons transmis à l'ouïe, et par elle au
centre cérébral, ne déterminent pas seulement l'action de ses muscles propres, mais
encore (et par l'effet d'une sympathie qui ne
nous frappe point, tant elle est intime et ha-
bituelle) les mouvemens de l'organe vocal
qui les répète, les imite, les réfléchit, pour
ainsi dire, vers leur source, et fait ainsi rentrer ces modifications fugitives dans la sphère

(39)

d'activité de l'individu, les y fixe, les y in-
corpore (1).

Lorsque nous percevons des sons (et nous
les percevons toujours d'autant plus distinctement, qu'ils ont plus de rapport avec ceux
que nous pouvons rendre, imiter ou articuler
nous - mêmes) l'instrument vocal contracte
donc des déterminations parallèles à celles de

(1) Dans le moment même où j'écrivais ceci, il m'est
tombé dans les mains une brochure intitulée *Notice histo-
rique sur le Sauvage de l'Aveyron*, publiée en l'an VIII,
par M. *Bonaterre*, professeur de grammaire gén. J'y vois
avec grand plaisir mon opinion confirmée dans le passage
suivant. « Quelques personnes ont cru qu'il (le Sauvage de
» l'Aveyron) était sourd, parce qu'on ne le voit ni se re-
» tourner, ni répondre aux cris et aux questions qu'on lui
» adresse ; mais, avec un peu de *réflexion*, on conçoit que
» son oreille, quoique parfaitement conformée, lui est cepen-
» dant beaucoup moins utile par le défaut de la parole, qui,
» dans l'homme, est une *dépendance de celui de l'ouïe*, un
» organe de communication, *un organe enfin qui rend ce*
» *sens actif;* au lieu que dans l'individu dont il s'agit ici,
» ce sens *est presqu'entièrement passif, n'étant point lié*
» *avec le langage.* » Il faut être solitaire comme je le suis,
se méfier de soi-même comme je le fais (par instinct, par
tempérament, et sans doute avec raison), pour concevoir
la jouissance que l'on éprouve, quand on se trouve aussi
formellement d'accord avec les maîtres, et qu'on peut
s'appuyer de leur témoignage.

18

l'ouïe, et se monte, pour ainsi dire, au même ton : en entendant chanter ou parler, nous chantons, nous parlons tout bas ; c'est un instinct d'imitation encore plus marqué ici que dans aucun autre mouvement, il nous entraîne le plus souvent sans que nous nous en apercevions.

Ainsi, l'individu qui écoute est lui-même son propre *écho*, l'oreille se trouve comme frappée instantanément, et du son direct externe, et du son réfléchi intérieur : ces deux empreintes s'ajoutent l'une à l'autre dans l'organe cérébral, qui s'électrise doublement, et par l'action qu'il communique et par celle qu'il reçoit; telle est la cause de l'activité particulière des têtes *sonores*; c'est là que vont se rattacher tous les caractères de distinction, de persistance et de révocabilité dont jouissent éminemment les impressions auditives.... Nous pourrions peut-être aussi bien les appeler *vocales;* car, si *nous parlons, parce que nous entendons,* il est vrai de dire que *nous n'entendons bien qu'autant que nous parlons;* les deux organes agissent et réagissent sans cesse l'un sur l'autre. La nature même semble avoir préordonné les modes de

leur action mutuelle dans les diverses espèces (voyez *Buffon*, Discours sur la nature
des oiseaux), en proportionnant presque toujours la finesse et la délicatesse de l'un à la
force et à la flexibilité de l'autre.

L'association de la voix avec l'ouïe, est
analogue dans ses effets premiers, à celle qui
existe entre le tact et la vue; dans les deux
cas, c'est un organe supérieurement mobile
qui communique son activité à celui dont la
sensibilité prédomine.

4°. Le sens du goût est celui qui paraît
d'abord avoir le plus de rapports avec le toucher; les saveurs ne sont en effet que le *tact*
propre de la langue et du palais; les molé-
cules sapides s'appliquent sur leurs houpes
nerveuses, d'une manière intime, immédiate,
comme des parties plus matérielles à la surface de la main et au bout des doigts. Différentes saveurs peuvent très-bien se comparer
aux sensations tactiles de froid, de chaud, de
doux, de rude, de piquant; aussi ces deux
genres de modifications ont-ils plusieurs noms
communs dans nos langues (1).

(1) Nos langues sont souvent le miroir fidèle de nos sentimens et de leurs nuances les plus délicates. Il ne tiendrait

Les saveurs, aussi confuses en général dans les nuances qui les séparent, et plus variables, plus fugitives que les qualités tactiles séparées de la résistance, ont une force affective bien supérieure. Dans l'exercice du tact passif l'individu n'est modifié, pour ainsi dire, que d'une manière *locale*; mais dans l'exercice du goût, lorsqu'il est surtout déterminé par le besoin, la sensation devient presque générale et très-complexe : un organe interne qui a l'influence la plus étendue sur le système sensitif, y prend la part la plus directe : or, on sait combien sont tumultueuses, confuses et passives, toutes les affections où ces organes intérieurs se trouvent directement intéressés.

---

qu'à nous de nous y contempler, et d'apprendre à mieux connaître notre intérieur. La langue nous apprend qu'il y a une fonction active et passive dans chaque organe; elle nous indique quels sont ceux qui *sentent* et ceux qui perçoivent. Si les sens distinguent, analysent, elle les suit, marche et s'arrête avec eux. On peut remarquer que nos sensations affectives ont très-peu de noms qui les expriment, et ces noms sont toujours tirés de l'objet percevable qui sert à les distinguer; c'est ainsi que les odeurs portent les noms des objets visibles. Comment aurait-on multiplié les signes là où il n'y a pas de rappel possible ?

On voit que, si la fonction sensitive prend
un ascendant supérieur dans les impressions
du goût, l'action motrice devra s'obscurcir
dans le même rapport. L'organe du goût (qui
est en même temps celui de la parole) est
doué d'une très-grande mobilité; l'effort qui
a lieu dans la mastication ou la pression des
lèvres, des dents, du palais, contre les corps
solides, suffirait sans doute pour nous donner des idées plus ou moins confuses de la
résistance, et de quelques-uns de ses modes;
plusieurs espèces d'animaux ont, comme on
sait, leur tact dans la bouche et le museau.

Mais dans les opérations propres du tact,
la perception de solidité, de forme, est le
terme, le but du mouvement fait. L'impression d'effort est seule, ou dominante; c'est
à elle que tout se rapporte, elle ne se confond avec aucun autre : dans les opérations
du goût, au contraire, la résistance n'est
qu'accessoire, le mouvement n'est que moyen,
la *sensation* est le but, et dès qu'elle existe,
elle absorbe tout ce qui n'est pas elle; dans
le tact, la résistance est fixe, l'individu peut,
à volonté, en prolonger l'impression; dans
le goût, cette impression n'est que d'un ins-

tant, et la sensation qui la suit, qui en efface
jusqu'au souvenir, ne conserve elle-même
aucune fixité; ou elle est faible et disparaît
dans l'effort même qui tend à la saisir; ou
elle est vive, et annulle, ou cache cet effort.

L'individu qui *savoure* avec le plus d'*attention*, est donc toujours plus ou moins
passif dans ce qu'il éprouve; il n'est point,
comme dans la perception proprement dite,
agent et observateur réfléchi, désintéressé.
Au reste, les sensations de saveurs se rappro-
chent toujours davantage des caractères de
la perception (sans jamais parvenir cependant
au même degré de distinction et de persistance), à mesure qu'elles sont moins affectives, plus séparées de l'action des organes
internes, et plus subordonnées aux mouvemens volontaires, lents et prolongés de leur
organe propre. Remarquons aussi que les saveurs des corps solides sont plus distinctes
dans le sens, et un peu moins confuses dans
le souvenir, que celle des liquides; ce qui
s'accorde assez bien avec nos principes.

5°. Ce que nous venons de dire du goût,
s'applique encore plus directement à l'odorat;
ces deux sens sont intimement unis entr'eux,

comme aux organes internes, et leurs impressions n'en deviennent que plus affectives et
plus confuses; celles de l'odorat surtout sont
éminemment appropriées à la sensibilité générale du système. Ce sens mis en jeu, d'abord
par l'instinct, demeure presque entièrement
sous sa dépendance; son immobilité absolue
annonce combien il est passif, et on pourrait
dire qu'il tient parmi nos sens externes, le
même rang que le polype ou l'huître, dans
l'échelle de l'animalité; ses fonctions, il est
vrai, se rallient au mouvement de la respi-
ration, mais ce mouvement premier est nécessaire, forcé, continu par sa nature, et
par-là même, presqu'insensible; aussi, les
odeurs sont les *sensations* par excellence,
comme l'indique notre langue même; ce sont
celles qui se distinguent le moins : lorsque
plusieurs se trouvent unies ensemble, elles se
fondent dans une sensation unique, dont l'a-
nalyse nous est impossible, malgré notre expérience acquise, malgré l'*attention* volontaire que nous donnons au mélange : remarquons que cette attention ne consiste que
dans un mouvement d'inspiration uniforme,
lente et prolongée. Ce sont-là les bornes de
notre *pouvoir* sur ces modifications.

6°. Viennent enfin les impressions que nous éprouvons dans les parties intérieures du corps, et qu'on pourrait appeler *sensations pures*. Ici la fonction sensitive est en effet absolument isolée : point d'effort perçu, point d'activité, point de distinction, nulle trace de souvenir, toute lumière s'éclipse avec la faculté de mouvement.

Puisqu'en rapportant chaque classe d'impressions à son organe propre, nous voyons constamment la distinction et la perceptibilité décroître dans la même proportion, que la capacité sensitive de ces organes augmente ou s'isole d'un côté, et que leur mobilité diminue de l'autre, je crois pouvoir conclure avec assez d'assurance, des analyses qui précèdent, que la faculté de percevoir ou de distinguer nos impressions entr'elles (après qu'elles sont séparées en quelque sorte du moi qui les éprouve) (1), n'est point un at-

(1) Ces conditions me paraissent étroitement liées, malgré l'autorité respectable de *Condillac* et de *Bonnet*, qui pensent que le *moi identifié* avec chacune de ses modifications, pourrait cependant en percevoir, en distinguer les différens degrés, les comparer, exécuter enfin toutes les opérations qui dérivent de la forme composée et mixte de notre organi-

tribut de l'être purement *sensitif*, mais dépend absolument de la motilité volontaire
qu'elle suit dans toutes ses phases ; par conséquent, que la perception n'est point une
opération générale que l'individu puisse librement exercer sur toutes les espèces de modifications qu'il éprouve ou reçoit, mais que
chaque classe d'impressions a son caractère
spécifique qui la rend propre à être ou *perçue*
ou *sentie ;* que ce caractère dépend d'abord
de la forme de l'organe, de la proportion
selon laquelle le sentiment et le mouvement
peuvent s'y combiner ; en second lieu (et ces
conditions supposées), du mode de l'action
externe, de son degré de force excitative, d'où il
suit encore qu'une impression peut être sentie
sans être perçue, et qu'on ne peut pas dire
qu'on *perçoit* une *sensation* : par exemple,
si je touche un corps chaud, je perçois bien
la solidité en même temps que je sens la chaleur, mais je ne puis dire que je perçoive
cette dernière modification. Enfin, quoique

---

sation actuelle. Ces métaphysiciens présupposent toujours le
jugement de *personnalité*, mais il fallait avant tout en assigner le fondement.

l'on ait fait du mot *sensations* un terme générique, il ne s'ensuit point du tout que l'on
soit fondé à attribuer aux unes, ce que l'on
dit des autres. Ce principe, par exemple, *que
la sensation se transforme pour devenir
telle opération de l'entendement* (1), ne
sera point généralement vrai ; car il est des
sensations (et ce sont toutes les impressions
que nous avons nommées ainsi), qui ne se
transforment en aucune manière, comme
nous le verrons tout-à-l'heure, en déduisant
d'autres conséquences de nos principes.

III. L'action première exercée par les objets sur les organes sentans, ou par les organes moteurs sur les objets, n'est pas bornée
à l'effet du moment. Une modification quelconque ne peut être que le résultat d'un

---

(1) Si on entend par-là, que nous *sentons* tout ce qui se
passe en nous-mêmes, ou que nous avons *conscience* de toutes
nos opérations, comme des impressions qui nous affectent, il
me semble encore qu'on ne p. it voir dans cet acte, toujours
semblable à lui-même, dans cette *lumière intérieure* qui
éclaire tout, qu'on ne peut y voir, dis-je, la *sensation
transformée*. C'est peut-être ma faute, mais cette expression
m'a toujours paru trop vague.

changement opéré dans le sens ou dans quelque centre du système; or, ce changement lui-même qui persiste et survit plus ou moins à l'impression, nous l'appelons en général *détermination;* et comme il y a deux classes d'impressions, il y aura deux sortes de déterminations, l'une pour le sentiment, l'autre pour le mouvement. Ces déterminations peuvent également *s'effectuer* (1); ou par l'action renouvelée des mêmes causes qui les formèrent; ou spontanément, et, en l'absence de ces causes, en vertu d'une force *vive,* inhérente aux organes, lorsqu'ils ont une fois été montés par les objets. Examinons ce qui arrive dans ces deux cas différens.

1°. Si la détermination *sensitive* s'effectue par l'impulsion répétée de la même cause externe, il ne peut en résulter qu'une modification semblable à la première, et différente seulement par le degré : la différence étant proportionnée à l'intensité et à la persistance du changement premier opéré dans l'organe,

_____

(1) Je dirai qu'une détermination *s'effectue* lorsque l'organe ou le centre se remettent dans le même état où ils étaient en vertu de l'action première.

la sensation renouvelée sera en général plus faible, moins affective.

L'individu ne peut percevoir cette diffé-rence sans reconnaître la sensation comme étant la même qui l'a déjà affecté, et réci-proquement il ne peut la reconnaître sans percevoir quelque différence. Or, que l'on fasse abstraction de tout signe extérieur, de toute circonstance associée à une modifica-tion affective, que l'on suppose un individu borné aux degrés de cette modification, ou à plusieurs autres du même genre, pense-t-on d'abord qu'il lui fût possible d'apprécier des nuances qui tendent toujours à se confondre, même pour nous dont les moyens de recon-naissance sont si multipliés, dont les sensa-sions et les jugemens sont si indivisiblement unis? Est-ce bien en effet par les caractères intrinsèques de nos sensations *pures*, et par les changemens, les altérations qui y sur-viennent, que nous parvenons à les distin-guer, à les reconnaître, quand elles se re-nouvellent! Saurions-nous jamais dire, si telle douleur interne, tel degré de froid ou de chaud, est le même que celui que nous avons déjà éprouvé, ou s'il en diffère? Observons

que plus nos sensations sont *unes*, ou déga-
gées de tout accessoire, plus elles occupent
exclusivement notre faculté de sentir, et moins
nous pouvons ensuite les reconnaître si elles
viennent à se renouveler. Que serait-ce donc
d'un être qui serait absolument identifié avec
chacune de ses modifications? Pour comparer
deux manières d'être, ou percevoir leur différence, il faut nécessairement que le *moi* se
mette, pour ainsi dire, en dehors de l'une et
de l'autre; il faut un premier jugement de
personnalité; or, comment y aurait-il un
jugement là où il n'y a qu'un terme? Suppo-
poser que le *moi* est identifié avec toutes ses
modifications, et cependant qu'il les compare,
qu'il les distingue, c'est faire une supposition
contradictoire (1). Reconnaissons donc qu'il
n'y a dans la sensation renouvelée et affaiblie,

---

(1) « Lorsque l'âme éprouve l'impression d'un objet, dit
Bonnet (*Essai anal.*, parag. 113), et qu'elle se *rappelle*
en même temps une ou plusieurs autres modifications, elle
s'identifie avec toutes, et cette *identification est le fondement de la personnalité.* » Il me semble plutôt que c'est là une
négation de personnalité.

Nos deux grands analystes ont supposé dans la nature
même de l'âme, *action* et *volonté*, qui s'exercent indiffé-
remment sur toute espèce d'impressions, ce qui n'est pas;

considérée en elle-même, aucun fondement
à la *réminiscence*.

Que la détermination sensitive s'effectue
par l'action répétée de l'objet, ou spontanément en son absence, le résultat ne sera jamais qu'une modification plus ou moins affaiblie, mais sans relation d'*existence*, de *cause*
ni de *temps*; car on ne saurait évidemment
admettre ces rapports sans une personnalité
distincte, antérieure; pour que l'être sentant
pût distinguer le *souvenir* de la sensation, ou
pour qu'il y eût en lui l'équivalent de ce que
nous appelons *souvenir*, il faudrait que le
moi modifié actuellement, se comparât au
même *moi* modifié dans un autre instant; il
faudrait, comme l'a dit Condillac, « qu'il
sentît faiblement *ce qu'il a été*, en même
temps qu'il sent vivement ce qu'il est; » mais
est-ce donc la même chose que de sentir *faiblement*, et de sentir *qu'on a été?* Comment
trouver une relation de temps dans cette seule
circonstance *d'affaiblissement?* Est-ce que

mais, en leur passant cette supposition, ils ne devaient pas
dire que l'âme s'*identifiait* avec les modifications; car là
où il y a volonté, action, il y a un *sujet* et un *terme* qui ne
sauraient s'identifier.

la sensation faible n'est pas *présente* comme
la sensation vive! Mêmes difficultés ici que
pour la réminiscence.

2°. La détermination motrice est une *tendance* conservée par l'organe ou le centre
moteur, pour répéter l'action ou le mouvement qui ont eu lieu une première fois.
Lorsque cette tendance passe du *virtuel* à
l'*effectif*, par suite de la provocation extérieure renouvelée, l'individu *veut* et exécute
le même mouvement; il a conscience d'un
effort renouvelé..... Cet effort renouvelé diffère du premier par un plus grand degré de
facilité ; or, ici cette facilité peut être reconnue, distinguée, parce qu'il y a les élémens
d'un rapport, un sujet qui *veut*, toujours
identique à lui-même, et un terme variable,
la *résistance;* comme ce sujet et le terme
n'ont pu s'identifier dans la première action,
ils se sépareront encore dans la seconde, la
troisième, etc., tant qu'il subsistera la moindre résistance.

L'être moteur qui a agi, et qui agit maintenant avec plus de facilité, ne peut percevoir
cette différence sans reconnaître sa propre
identité, comme *sujet voulant;* or, cette re-

connaissance entraîne nécessairement celle du
terme de l'action ; ils se supposent l'un l'autre,
et s'unissent intimement dans la même impression d'*effort*. On voit avec quelle facilité
la réminiscence peut s'expliquer de cette manière ; nous verrons ailleurs comment ce jugement, en partant de l'origine qui vient de
lui être assignée, s'éclaircit et s'étend par
l'addition de nouvelles circonstances.

Si la détermination motrice s'effectue spontanément en l'absence de la cause première,
l'individu veut la même action ; il se remet
autant qu'il est en lui, dans le même état où
il était en l'exerçant au dehors ; il a conscience de l'effort qu'il fait encore ; mais comme
il distingue avec la plus grande clarté le
mouvement *libre* du mouvement *contraint*
par un obstacle, il lui sera impossible de
confondre le *souvenir* avec l'impression ; la
représentation qui se fait dans son cerveau,
par exemple, de la forme d'un solide qu'il a
touché, avec la résistance que lui opposait ce
solide présent.

Lorsqu'en vertu de la détermination con-
tractée par le centre moteur et sensible, la
main reprend ou *tend* à reprendre la même

disposition qu'elle avait en touchant ou en embrassant un globe, l'individu se retrouve donc à-peu-près dans le même état *actif* où il a été, il *perçoit;* il touche encore, pour ainsi dire, par la pensée, un globe absent. Cette seconde perception, très-distincte de la première, se réfère à elle, et la suppose comme une copie reconnue pour telle, se réfère à l'original; c'est cette copie, ainsi conçue, que j'appelle *idée.*

Remarquons bien que l'individu *agit* dans la représentation, ou l'idée du solide tangible, comme il agissait dans l'impression directe; tout ce qu'il avait mis pour ainsi dire du sien dans celle-ci, il le remet, l'effectue dans l'autre : il se crécrait donc une seconde perception presqu'égale à la première, et uniquement différente par le degré, s'il disposait de la sensation comme il dispose du mouvement; mais pendant que la main agit pour reprendre la forme du globe, les extrémités sentantes restent inactives, engourdies, et ne se montent point au gré de la volonté; il en est de même dans les *idées* des sons : lorsque l'organe vocal répète ou tend à répéter les mouvemens qui correspondent aux impressions

19

auditives, l'individu est aussi actif dans l'idée
qu'il l'a été dans la perception, et la différence serait insensible, si l'ouïe pouvait renouveler les sons *directs*, comme la voix reproduit les sons réfléchis.

Nous voyons clairement dans ces deux
exemples, que la production des idées n'est
qu'un résultat ou une suite de l'activité des
impressions mêmes. Sans cette activité inhérente au caractère des impressions, à la mobilité des organes qu'elles intéressent, ou avec
lesquels elles sont en rapport, en un mot
sans détermination motrice (originaire), il
n'y a ni réminiscence, ni idées.

Et cela peut nous être confirmé en partie
par notre expérience journalière même ; car
la facilité que nous avons à reconnaître un
objet, ou à nous rappeler nettement son idée,
dépend bien moins de la force affective dont
il nous a frappé, que de l'attention volontaire
que nous lui avons donnée, attention qui se
lie toujours dans son principe à quelques-
uns des mouvemens dont nous disposons.

L'impression d'effort qui est l'origine commune de nos perceptions et de nos idées, est
susceptible d'une infinité de nuances ; elle

s'affaiblit singulièrement par sa répétition
(comme nous aurons dans la suite assez d'oc-
casions de nous en convaincre); or, quoique
l'activité de conscience s'affaiblisse dans les
mêmes rapports, ses résultats premiers ne
suivent point la même loi de dégradation ; les
impressions et les idées auxquelles cette activité a concouru dans l'origine, demeurent
distinctes, et lui survivent ; ceci s'applique
principalement aux fonctions représentatives
de l'organe de la vue : ces fonctions s'exécutent
actuellement avec une promptitude et une facilité, telles que nous ne nous apercevons
plus de l'action volontaire qui les dirige, et
que nous méconnaissons absolument la source
qu'elles ont dans la résistance; de même,
donc, que l'effort est nul ou insensible dans
les perceptions visuelles, il le sera également
dans la production des idées ou *images* correspondantes ; ces images naîtront spontanément dans l'organe de la pensée, s'y succéde-
ront avec la plus grande rapidité, y brille-
ront de l'éclat le plus vif, s'éclipseront pour
reparaître encore, et cela sans que la volonté
de l'individu semble y participer en aucune
manière. Les *déterminations visuelles* se rap-

prochent donc par cette dernière circonstance, de celles que nous avons distinguées
sous le nom de *sensitives;* et l'on serait peut-
être d'autant plus fondé à les ranger dans la
même classe (si d'ailleurs d'autres caractères
ne s'y opposaient), que les couleurs identi-
fiées par une habitude première avec les perceptions de formes et de figures, paraissent
être en quelque sorte les excitans naturels de la
sensibilité propre du centre cérébral, comme
leurs images sont les produits les plus immédiats de son activité. Dans toute exacerbation
de cette sensibilité occasionnée par quelque
irritation extraordinaire dans la substance
même du cerveau, ce sont ordinairement des
visions qui frappent l'individu avec autant de
force que la réalité même (1); et dans l'état
naturel, combien de fois n'arrive-t-il pas que
ces mêmes images, prenant l'ascendant des

---

(1) *Bonnet* rapporte un exemple singulier de ces visions.
(*Voyez* le parag. 676 de l'*Essai anal.*) Dans les commo-
tions électriques, un peu violentes, dans les coups donnés
sur la tête, dans les opérations du trépan, comme aussi dans
les contentions excessives de la pensée, dans les divers cas
de manie, dans les songes, etc., ce sont toujours des fantômes, des couleurs, des flammes, des *suffusions scintil-*

perceptions directes, excluent tout retour vers le modèle, le remplacent et se confondent avec lui, comme les produits spontanés des déterminations sensitives se confondent avec ceux des causes qui les formèrent : remarquons que ces illusions n'ont point également lieu dans les idées correspondantes aux impressions actives du tact et de l'ouïe.

Ces observations nous conduisent à distinguer deux modes différens de reproduction : l'un, qui se rapporte aux diverses idées tirées du mouvement, de la résistance et de ses formes, des sons vocaux, s'exécute toujours avec un effort volontaire plus ou moins sensible, il est essentiellement accompagné du jugement de *réminiscence.*

L'autre, qui se rapporte spécialement à la production des *images,* ne se joint à la réminiscence que dans un degré modéré de vivacité, et cette vivacité même dépend de la nature et de l'intensité des causes organiques

lantes, qui s'offrent à la vue : ces sortes de représentations peuvent donc être considérées comme les produits propres et spontanés de la sensibilité particulière du cerveau ; car on sait que chaque organe a sa manière de sentir, et ses fonctions particulières.

qui déterminent l'apparition spontanée des images.

Le premier mode de reproduction est actif ; je l'appellerai *rappel* ; le second est plus ou moins passif ; et parce qu'il s'applique principalement aux images de la vue, je l'appellerai *imagination* ; la faculté de rappeler en mouvant, en faisant un effort, sera nommée *mémoire*. Ajoutons encore quelques traits aux caractères distinctifs de ces deux facultés.

1°. Les mouvemens volontaires qui ont formé les impressions actives, ou concouru essentiellement à les rendre distinctes, sont encore les moyens ou les sujets uniques du rappel ; on peut donc dire qu'ils sont les *signes* des impressions qu'ils distinguent, et des idées qu'ils rappellent ; et cette qualification de *signes* est d'autant mieux fondée dans cette circonstance, que les mouvemens, en même temps qu'ils servent à l'individu à se remettre dans un état où il a déjà été, et fournissent ainsi une prise à sa volonté, un point d'appui pour se modifier lui-même, sont encore les seules *marques* par lesquelles il puisse manifester au-dehors cette volonté, ces modifications les plus intimes.

Je dirai donc que le mouvement ou l'effort reproduit dans la main, lorsqu'elle figure ou *tend* à figurer le solide, est le *signe* de l'idée de forme, de résistance extérieure.

Les mouvemens vocaux seront aussi les signes des impressions auditives ou de leurs idées. Ceux de la mastication ou de l'inspiration, pourraient également être considérés comme les signes des saveurs et des odeurs, si la prédominance de la sensibilité, dans ces deux genres d'impressions, en obscurcissant les mouvemens, ne mettait obstacle à leur conversion en signes de rappel, ou ne la rendait toujours plus ou moins imparfaite.

Lorsque les mouvemens servent à rappeler ou à manifester les impressions auxquelles ils ont essentiellement concouru, on peut les appeler proprement *signes naturels* ou *premiers;* mais, dès que l'individu a été déterminé à remarquer ces fonctions premières, il les étend par un acte réfléchi et fondé sur la grande loi de la liaison des idées, à plusieurs autres manières d'être qui n'ont avec ces mouvemens que des rapports plus ou moins indirects, et souvent même de pure convention. Il transforme ainsi les signes premiers

en artificiels ou secondaires, et multiplie ses
moyens de correspondance, soit au-dehors,
soit avec sa propre pensée. Il fait plus, il
communique aux modifications les plus fugitives, une partie de la disponibilité de ses
mouvemens, les force à rentrer dans la sphère
de sa *mémoire*, et crée en quelque sorte des
termes ou des motifs à sa volonté, là où il
n'en existait d'aucune espèce (1).

Remarquons pourtant que ces fonctions se-

---

(1) Comme nos modifications purement affectives n'ont
point de *signes* naturels (j'entends de mouvemens volontaires qui entrent dans leur formation), nous n'avons aucun
pouvoir de les rappeler. Or, dans l'ordre de la nature, les
limites de la *volonté* sont les mêmes que celles du *pouvoir*;
il n'y aurait donc point hors de l'action organique, de motif pour *vouloir* (je ne dis pas *désirer*) rappeler ces modifications. C'est ainsi que nous ne songeons point à reproduire
cette multitude de sensations intérieures, qui se succèdent
et qui nous affectent souvent avec beaucoup de vivacité,
parce qu'elles n'ont guères plus de noms qui les expriment
que de mouvemens qui les distinguent. Mais, dès qu'un signe
artificiel s'est associé avec une sensation, le pouvoir de rappeler l'un semble se réfléchir sur l'autre, et les soumettre
également à la même volonté; c'est ainsi que nous croyons
avoir *idée* de tout ce que nous pouvons nommer, quoique les
mots soient souvent vides de sens. Cette illusion si forte, si
générale, se rattache à nos plus intimes habitudes, comme
nous le verrons ailleurs.

condaires ont leurs bornes fixées par la nature même de l'organisation; ce qui n'est pas
représentable d'après ses lois, ne saurait
guères le devenir par aucun artifice, et demeure toujours au nombre des souvenirs plus
ou moins vagues et confus. Les signes artificiels ne sont donc, pour ainsi dire, qu'*entés*
sur les signes naturels.

En envisageant les signes sous ce rapport,
on voit combien il est vrai de dire qu'ils sont
nécessaires à la formation de nos *premières*
idées; on voit encore bien évidemment qu'ils
sont l'unique soutien de la mémoire, considérée soit dans son origine, soit dans ses
développemens ultérieurs; on voit enfin que
pour l'être borné à la *sensation*, il ne peut y
avoir ni signes, ni idées, ni mémoire.

2°. L'imagination, avons-nous dit, pourrait être considérée comme ayant des rapports plus immédiats avec la *sensibilité*
propre de l'organe cérébral, et la mémoire
avec sa force motrice (1); les produits ou les

_____

(1) Des savans que j'honore, et dont les opinions sont en
quelque sorte des arrêts à mes yeux, n'ont pas été pleine-
ment satisfaits de la distinction que j'établis entre la mé-

opérations qui dépendent de ces deux facultés, semblent différer en effet comme la sensation diffère de la perception.

---

moire et l'imagination. Leurs difficultés portent principalement sur la manière dont j'exprime cette distinction et sur
le fondement physiologique que je lui suppose. Comme c'est
là un point capital dans mon ouvrage, je dois ajouter quelques explications.

1°. Les analyses précédentes des sens ont fait voir, je
pense, que nos impressions diverses peuvent et doivent réellement être distinguées en *passives* et *actives*, *sensitives* et
perceptives; celles-ci dépendent davantage de la faculté de
mouvoir; celles-là intéressent plus exclusivement la faculté
de sentir; la *volonté* détermine et dirige les unes; elle est
subordonnée et comme nulle dans les autres.

Mais ce que l'on dit des impressions doit nécessairement
s'appliquer ou s'étendre aux idées, car la production de
l'idée (considérée comme *copie*) n'est pour ainsi dire que
la réplique de l'opération antécédente du sens. Pour imagi-
ner ou rappeler, l'organe de la pensée doit reprendre une
forme, une modification semblables à celles qu'il avait dans
la perception même. Lorsque, par exemple, je me représente la figure ou la forme d'un corps, que je rappelle en
moi-même une suite de sons, mon cerveau est disposé sans
doute de la même manière (au degré près) que si l'œil et la
main parcouraient actuellement les dimensions du solide,
ou si l'ouïe était frappée des vibrations sonores; or, les *perceptions* de formes et de sons n'ont pu avoir lieu sans mouvemens réels et sensibles, volontairement exécutés dans les
organes, dans les muscles de la main et de l'œil, de l'ouïe
et de la voix; donc la production des *idées* correspondantes

Le rappel des idées par leurs signes naturels ou artificiels, laisse à l'individu tout le

doit dépendre aussi de déterminations semblables, ou d'une
réaction *motrice* analogue.

Mais, m'a-t-on dit, « le simple rappel de nos idées,
» l'exercice secret de notre faculté pensante, ne sont ac-
» compagnés d'aucuns *mouvemens* sensibles; le centre cé-
» rébral est seul alors proprement en action; tout se passe
» dans son sein. L'organe musculaire est dans un repos par-
» fait; la supposition que vous faites de *mouvemens* exécutés
» dans le rappel est donc gratuite, ou du moins votre lan-
» gage est inexact, et présente un contre-sens physiolo-
» gique? »

Je réponds d'abord (et pour faire cesser toute difficulté
sur les mots) que je me sers du terme *mouvement* pour exprimer en général tout acte de la volonté, tout déploiement de
la force motrice du centre; soit que ce déploiement se manifeste au-dehors, par l'exécution de mouvemens musculaires,
soit qu'il se borne à cette simple détermination, qui, n'ayant
aucun signe extérieur, se manifeste seulement à l'individu,
par la conscience de ce que j'ai appelé *effort*. Ainsi, dans la
méditation solitaire, au sein du repos et du silence le plus
apparent, je n'en reconnais, je n'en sens pas moins les mouvemens d'articulation qui accompagnent ou déterminent le
rappel régulier de mes idées : la parole, pour être intérieure, en est-elle moins un mouvement vocal?...... Et
lorsque l'aveugle se représente et combine dans son cerveau
des idées de formes tactiles, ne faut-il pas que sa main ré-
ponde et *consente*, pour ainsi dire, à ces représentations?

« La *mémoire* (comme l'a dit *Condillac* (1), mais dans

_____

(1) Voyez la *Logique*, chap. 9.

calme nécessaire pour les contempler, en visiter les détails, et y appliquer en quelque

» un sens différent du mien) n'a pas seulement son siége
» dans le cerveau ; elle doit l'avoir encore partout où est la
» cause occasionnelle des *idées* que nous *rappelons ;* or , si
» pour nous donner la première fois une idée (*une percep-*
» *tion*) il a fallu que les sens aient agi sur le cerveau ,
» (*j'ajoute, et que le cerveau ait agi pour mouvoir les sens*
» *d'une certaine manière*), il paraît que le souvenir de
» cette idée ne sera jamais plus clair que lorsqu'à son tour
» le cerveau agira sur les sens. » (*Je dis lorsque le cerveau*
réagira sur les organes, pour leur imprimer des mouvemens
semblables à ceux qui ont eu lieu dans la perception.) Il me
semble que la difficulté sur ce point est assez éclaircie.

2°. Au déploiement de la *force motrice* dans le rappel
volontaire, dans l'exercice de la *mémoire*, j'ai opposé la
force sensitive du centre cérébral, dans la reproduction
spontanée des images, ou l'exercice passif de l'*imagination.*
Cette distinction a paru trop *hypothétique*, du moins dans la
forme; je ne chercherai pas non plus à la justifier entièrement sous ce rapport. Lorsque j'ai emprunté des termes de
la physiologie pour expliquer des faits *idéologiques*, je n'ai
point entendu établir un parallèle absolu entre deux ordres
de phénomènes qui diffèrent dans plusieurs points ; mais seulement indiquer des analogies qui m'ont paru propres à jeter
quelque jour sur les principes de la science, et qui ont été
en général trop peu observées par les métaphysiciens. Je prie
donc que l'on ne presse pas trop le parallèle. Un maître sur
l'autorité duquel j'aime à m'appuyer (1), distingue deux
sortes de réactions du centre qui concourent (inégalement

(1) Voyez l'*Histoire physiologique des sensations*, Mémoire de M. *Cabanis.*

sorte son tact intérieur, comme il applique
lentement sa main au solide dont il veut con-

---

selon moi) dans nos impressions diverses, les forment et les
complètent ; à ces deux modes de réaction (l'un pour le *sentiment*, l'autre pour le *mouvement* qui s'exercent ensemble,
et tantôt s'équilibrent, tantôt se prédominent, lorsque l'individu *perçoit* ou *sent* l'action des objets) doivent correspondre deux déterminations du même ordre, motrice et sensitive. La première prévaut dans l'exercice de cette faculté
active de *rappel*, que j'ai nommée *mémoire ;* et la seconde
dans cette faculté passive que j'appelle *imagination.* Voilà le
fond de l'hypothèse.

Maintenant abandonnant toute explication tirée de la
physiologie, ne prenons, si l'on veut, ces termes de forces
sensitive et *motrice*, que pour deux *noms génériques* (tels
que ceux de toutes les causes) sous lesquels il s'agit de ranger deux classes de *faits*, qu'il importe de ne pas confondre.
Ces faits nous restent du moins ; ils sont certains, palpables ;
et toute distinction qui s'appuiera sur eux, sera suffisamment *justifiée ;* or, nous reconnaissons, par l'expérience et
l'observation de nous-mêmes, qu'il y a certaines idées que
nous rappelons volontairement avec un *effort* senti, et des
images qui naissent souvent malgré nous dans l'organe pensant, le remplissent, l'assiègent, en quelque sorte, sans que
nous ayons plus de pouvoir pour les distraire que pour les
évoquer ; que ces images correspondent aux perceptions
dans lesquelles la volonté, la force motrice est moins sensi-
blement intervenue; que leur reproduction, leur persistance, leur ténacité coïncident toujours avec certaines dispositions organiques, avec une exaltation de sensibilité, des
affections nerveuses, quelquefois des altérations, soit dans

naître les formes ; l'effort qui accompagne le rappel a toujours quelque chose de réfléchi, de concentré, incompatible avec les émotions trop fortes et les illusions de la sensibilité exaltée.

Au contraire, la production spontanée des images, quand elle a un certain degré de vivacité, est toujours accompagnée de senti-

---

la substance même du cerveau, soit dans d'autres foyers de sensibilité, dans les organes internes, dont les dispositions, transformées en tempérament, impriment toujours à l'imagination une direction, une couleur, une teinte particulière.

Il est enfin bien reconnu que l'homme dispose de sa *mémoire*, tandis qu'il est entraîné par son *imagination* ; et qui est-ce qui n'a pas éprouvé ces deux états, souvent dans le même instant, lorsqu'étant occupé à rappeler une suite ordonnée de signes et d'idées, une autre suite simultanée de fantômes importuns, vient troubler et distraire l'action régulière de la pensée, etc. ! Il était donc utile, nécessaire même que le langage consacrât cette distinction réelle entre deux modifications principales de l'être pensant, et que la théorie en assignât le sujet.

Au surplus, comme ces principes n'ont été établis qu'en vue de la question proposée, c'est par elle qu'ils recevront le développement et le degré de confirmation dont ils sont susceptibles. Je prie donc que l'on suspende tout jugement sur leur réalité et leur utilité, jusqu'à ce qu'on en ait vu l'application dans la suite de cet ouvrage.

mens affectifs semblables et souvent supé-
rieurs à ceux que la présence même de l'objet
pourrait exciter; aussi l'exercice habituel de
l'imagination exalte-t-il les forces sensitives,
et réciproquement tout ce qui exalte ces
forces, tourne au profit de l'imagination.

Mais le jeu de cette faculté peut être déterminé par différentes causes, qui, sans changer son caractère passif, donnent à ses produits tant de degrés divers, d'énergie et de
persistance, mettent tant de différences dans
le mode d'apparition des images, qu'on serait tenté de les rapporter à des facultés réellement différentes : nous avons besoin d'indiquer en peu de mots les principales d'entre
ces causes.

1°. Dès que la vue a intimement associé
toutes ses opérations à l'exercice de la motilité, elle s'étend au loin, embrasse simultanément de vastes perspectives, et groupe toujours, malgré la volonté même qui la dirige,
autour de l'objet principal sur lequel elle se
fixe, plusieurs des accessoires dont il se
trouve entouré; cette liaison s'établit et persiste dans l'organe de la pensée; et la copie
s'y trouve disposée comme le tableau premier

original l'était au-dehors ; si donc l'un des accessoires vient ensuite à se reproduire isolément à la vue, il déterminera l'apparition imaginaire plus ou moins vive du tableau entier ; de même si l'objet principal se reproduit seul ou entouré de nouveaux accessoires, il réveillera l'image des premiers, etc.

Tout cela se passe dans le cerveau de l'individu sans qu'il y prenne aucune part active ; le jeu de son imagination se mêle, se confond avec celui du sens externe, sans qu'il puisse le plus souvent distinguer leurs produits ; il croit simplement voir, *sentir*, et il imagine, il compare, il agit même en conséquence de plusieurs jugemens dont il n'a point actuellement conscience.

Ce mode d'exercice de l'imagination se rallie à une foule d'habitudes dont nous parlerons ; nous le rapportons principalement à la vue, parce que cet organe tend surtout à la *composition*, aux associations par simultanéité ; qu'il est enfin le premier instrument de *synthèse*, mais les autres sens y prennent aussi plus ou moins part, en proportion du caractère *percevable* de leurs impressions. On peut appeler *signes*, les objets même dont la pré-

sence détermine l'apparition des images ou
du tableau total auquel ils ont été associés
comme élémens ; ils ont en effet, avec les
signes du rappel ou les mouvemens (auxquels ce titre m'a paru plus propre), la propriété commune, mais unique, de remettre
l'individu dans un état semblable à celui où
il a déjà été ; mais ils ne remplissent cette
fonction de signes, que pour l'imagination
exclusivement ; ils se fondent entièrement sur
son caractère passif, et ne font que l'étendre
et le renforcer.

2°. Indépendamment de toute provocation
extérieure, le centre cérébral peut entrer en
action, soit par sa force propre, et en vertu
des déterminations acquises, soit par des
causes anomales qui irritent immédiatement
sa substance, soit enfin par les irradiations des
organes internes, qui, sans être directement
sous sa dépendance pour l'accomplissement
ordinaire de leurs fonctions, ne lui sont pas
moins liés par une sympathie dont une foule
de phénomènes ne permet point de douter.

A ces causes diverses se rattachent autant
de modes particuliers dans l'exercice de l'imagination : la première, et sans doute la plus

20

fréquente, est celle dont les produits sont les
plus légers ; ils se confondent perpétuelle-
ment tant que nous veillons avec l'action des
sens ; et lorsque les objets ont disparu, ils
les remplacent, se succèdent, se poussent
avec rapidité dans l'organe de la pensée,
comme des ondes mobiles. Les deux autres
causes se distinguent par la vivacité et l'énergie de leurs produits ; elles contribuent également aux divers degrés de manie, de folie,
aux visions, aux extases, aux songes, aux
effets surprenans du somnambulisme, etc.
Tous ces modes se ressemblent en ce que la
volonté de l'individu n'y prend aucune part,
et qu'il est affecté, poursuivi, entraîné malgré
lui par des images attrayantes, tristes ou
pénibles. La persistance, l'opiniâtreté de ces
images, leur teinte particulière, la force des
passions qui s'y joignent, les rapports qu'elles
ont avec la satisfaction des besoins naturels
ou d'habitude, la périodicité de leur apparition, qui concourt avec le sommeil et le ré-
veil, alternatifs des organes de l'appétit, sont
autant d'indices qui peuvent nous éclairer sur
la nature et le siège de leurs causes produc-
tives, ou du moins (et c'est ce qui nous in-

téresse ici plus particulièrement) sur l'analogie, la correspondance étroite qui lie les
opérations propres du *sentiment* à celles de
l'*imagination*.

Terminons ici la recherche et la longue
énumération des *données* de notre sujet.
Nous venons de voir comment l'exercice de
la mémoire et de l'imagination dérive immédiatement de la nature même des impressions, ou de la manière dont l'être moteur et
sensible *perçoit* ou *sent* l'action des objets ;
nous verrons dans la suite comment toutes les
opérations les plus éloignées des sens en apparence, se réfèrent également à l'une ou à
l'autre de ces deux sources ; et le mode particulier d'influence que l'habitude exercera sur
ces opérations, pourra nous indiquer la faculté dont elles dépendent, et la classe dans
laquelle nous devons les ranger : ainsi, tout
ce mémoire ne sera, pour ainsi dire, que la
continuation des analyses qui précèdent ; il
doit servir en même temps à les confirmer, si
elles sont exactes.

La division de mon travail se trouve toute
tracée par la manière dont j'en ai posé les
bases.

1°. Je rechercherai d'abord quelle est l'influence de l'habitude sur la faculté de sentir, ou comment les mêmes *sensations* (les mêmes impressions passives) répétées, modifient cette faculté.

2°. Quel est l'effet de la répétition des mêmes mouvemens, considérés comme les *signes* naturels et premiers des impressions auxquelles ils concourent, et qu'ils servent à distinguer, à fixer, à transformer en *perceptions*.

3°. Comment ces perceptions formées et répétées dans le même ordre, successif ou simultané, s'associant étroitement dans l'organe cérébral, chacune d'elles devient un *signe* pour l'imagination, acquiert ainsi une capacité représentative, très-éloignée de son caractère propre, individuel, et détermine une foule de jugemens qui se confondent dans l'impression même par leur rapidité et leur aisance.

La faculté de percevoir se lie immédiatement à l'imagination (considérée dans sa fonction simplement représentative), et l'habitude n'influe sur les opérations des sens, qu'en les faisant concourir avec l'exercice de l'imagination : nous ne séparerons donc point ces effets, mais nous les examinerons dans leurs rapports réciproques.

4°. L'imagination, considérée comme une modification de la sensibilité propre de l'organe cérébral, est soumise à diverses causes internes d'excitation, qui produisent des habitudes particulières plus ou moins persistantes ; et c'est de là que dépendent en partie les passions factices qui tyrannisent notre espèce. Nous tâcherons de reconnaître les effets principaux de ces habitudes.

Nous réunirons ces quatre sortes de recherches dans une première section, qui comprendra ce que nous appellerons les *habitudes passives*. En effet, la plupart des opérations dont nous venons de parler se rangent d'elles-mêmes dans la classe que nous avons désignée ainsi, tandis que les autres parviennent très-promptement à ce degré de facilité où l'individu n'a absolument aucune conscience de l'action qu'il exerce pour les produire ; d'ailleurs, ces opérations converties en habitudes, ne sont jamais que le produit de la répétition des mêmes circonstances ex-

térieures (1), des actes, des mouvemens que
l'individu a été déterminé, *forcé* en quelque
sorte d'exécuter sur lui ou hors de lui; s'il
était borné à ces habitudes, il ignorerait sans
cesse le pouvoir qu'il a de se modifier, et sa volonté comme son pouvoir seraient circonscrits
(par l'habitude même) dans d'étroites limites.

L'activité réelle, prise dans le sens idéologique, ne commence donc qu'avec l'usage des
signes volontairement associés aux impressions (ou remarqués par l'individu dans ces
impressions mêmes), avec l'intention de communiquer au dehors ou avec sa propre pensée. Cette faculté (particulière à l'homme)
de convertir ses mouvemens ou signes naturels en artificiels, donne lieu par son exercice
répété et les divers modes de cet exercice, à
une classe d'habitudes qui, ne différant point
essentiellement des premières, se transforment
néanmoins dans le développement indéfini de

---

(1) C'est là ce qu'on appelle ordinairement *coutume*.
« La coutume, dit-on (*voyez* cet article dans l'*Encyclo-
pédie ancienne*), nous rend les objets familiers, l'*habitude* nous rend les mouvemens faciles. » Nous prouverons
que ces deux effets reviennent au même, et que la distinction est inutile.

notre perfectibilité, de manière à paraître
obéir à des lois particulières. Après avoir établi le fondement de ces habitudes, nous re-
chercherons dans la seconde section (qui
aura pour titre des habitudes *actives*) leurs
effets idéologiques, qui se rallient principalement à l'exercice de la *mémoire*, dont nous
distinguerons différentes espèces, suivant la
nature des impressions ou des idées associées
aux signes, et le mode même de ces associations. Le rappel des idées par leurs signes,
entraîne les jugemens portés sur la valeur de
ces derniers, ou sur les rapports des idées
mêmes ; d'un autre côté, nos jugemens se
suivent dans l'ordre habituel que la mémoire
donne à nos signes ; de là les méthodes ou les
formes du raisonnement, qui deviennent pour
nous des *habitudes mécaniques* auxquelles
nous nous laissons entraîner, comme à des
suites familières de mouvemens.

Ces diverses habitudes ont plusieurs points
de contact avec les erreurs, les préjugés in-
vétérés de toute espèce, comme avec les lumières et le perfectionnement de l'esprit humain ; nous n'avons pas pu nous empêcher
d'insister quelquefois sur ce sujet important,

Restreint aux termes précis de la question, ce mémoire eût été plus court et sans doute meilleur ; mais dans un sujet qui tient à tout, j'ai éprouvé souvent combien il était difficile de se circonscrire. Tout imparfait qu'est encore mon travail, j'ai osé le reproduire, non par un sentiment de présomption, mais comme un témoignage du respect et de l'obéissance que je devais aux juges éclairés qui ne dédaignèrent pas d'encourager mes premiers efforts.

TABLE DES MATIÈRES.

Imprimerie de F*. MARIE, rue des Carmes, n°. 36.

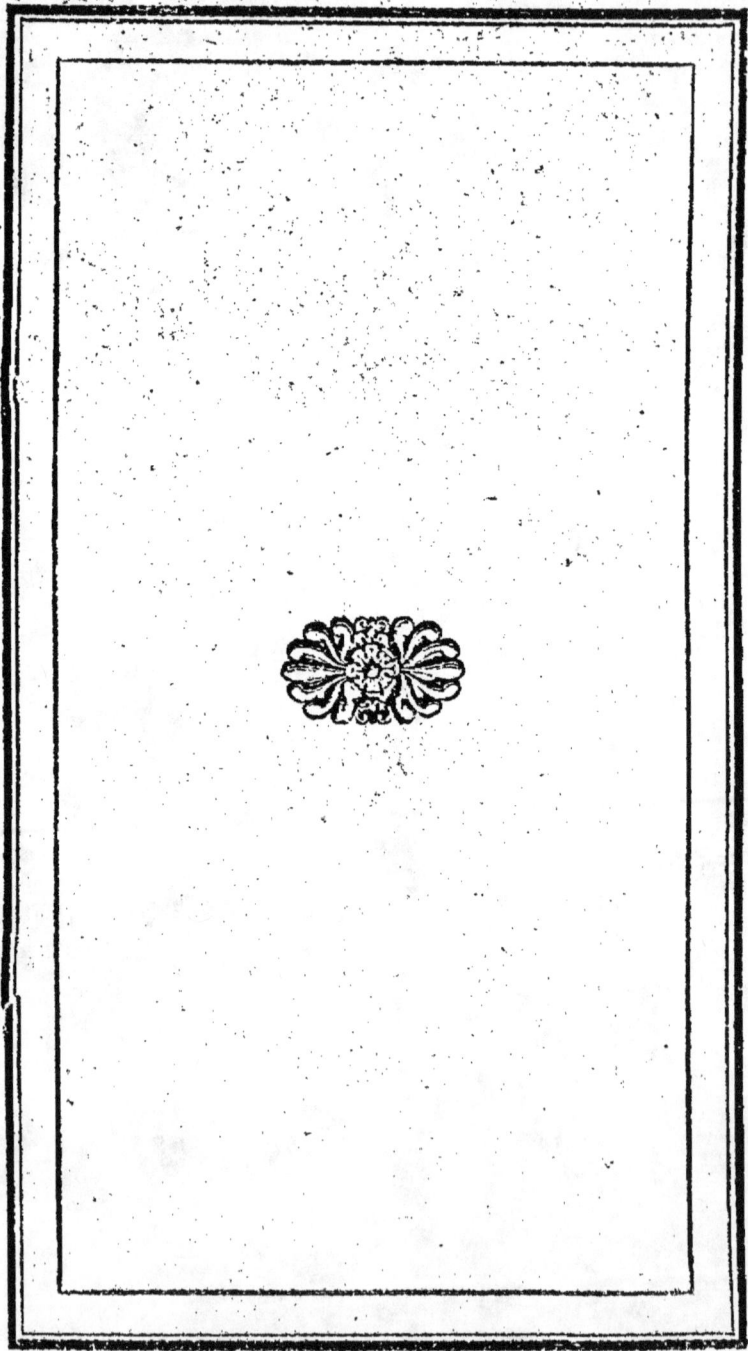

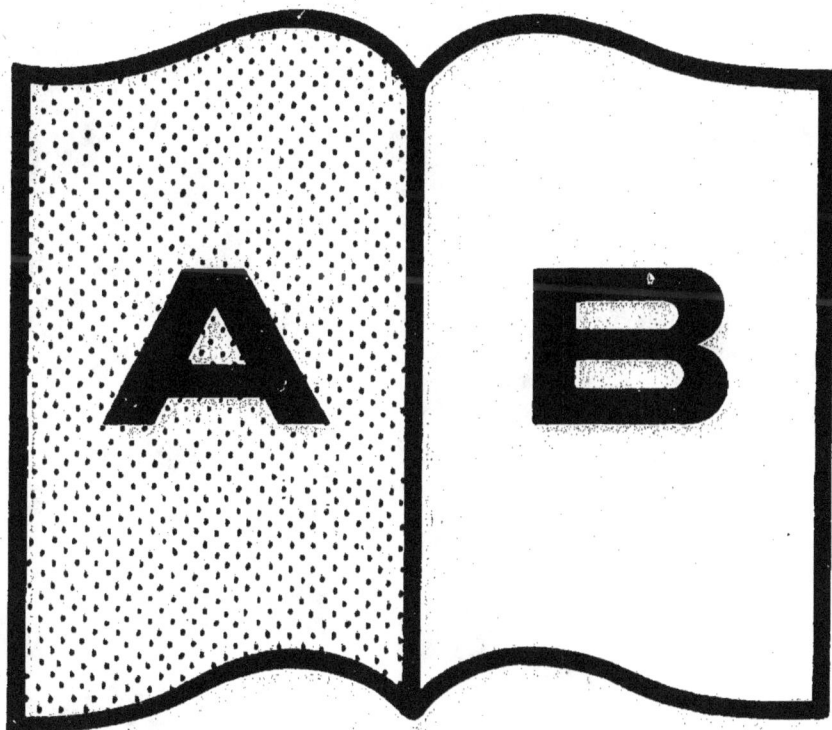

Contraste insuffisant

NF Z 43-120-14

www.ingramcontent.com/pod-product-compliance
Lightning Source LLC
Chambersburg PA
CBHW050458270326
41927CB00009B/1807